跨文化传播研究丛书

跨文化虚拟共同体：连接、信任与认同

INTERCULTURAL VIRTUAL COMMUNITY :
CONNECTION ,TRUST AND IDENTITY

肖珺 著

社会科学文献出版社
SOCIAL SCIENCES ACADEMIC PRESS (CHINA)

总　序

全球化越发展，我们就越是怀着乡愁走向远方，在陌生人社会里遭遇“跨文化传播如何可能”之惑。

人的自由天性总是使人突破地域性的交流，即便深知交流是没有保障的冒险，尝尽思乡怀亲的痛苦，也要为拓展自由交流空间而不顾一切。在某种意义上讲，自由天性成就了人的跨文化传播实践，人因为多元文化与多元交流而具有了通向自由的可能性。工业革命带来了人类交流史的历史性转折，生产力和社会分工的普遍发展带来了各民族的普遍交往，并把人们推到了一种可能的历史场景之中：每一个人的需要的满足都依赖于整个世界，跨地域、跨文化的相互了解、相互交流有助于开放自我、开放社会，从而更好地实现人的需要的满足。当然，这是被资本控制的普遍交往，资本使得社会交换成为互动的普遍形式，并进一步加速社会流动和分化，以自由主义、功利主义的名义界定人与人之间的竞争关系，以“科学”的种族主义名义界定种族支配权力关系，以理性主义的名义界定社会分层，制造符合资本效益最大化的社会秩序与社会结构。在这种情况下，一方面是社会流动性增强，另一方面是种族之间、民族之间、群体之间、阶级之间的冲突频繁爆发，如何把人从交流的困境中救出就成了一个时代的问题。①

跨文化传播作为一个过程，它使人们从文化转向跨文化，一路与后殖民主义、文化帝国主义、东方主义话语理论、文化相对主义、后现代主义等思潮相互激荡，有时也与全球化同行。

跨文化传播问题成为全球化时代的一个核心问题。这个问题被西方人类学家、语言学家、社会学家、精神分析学家、心理学家、营销学家等各路学

① 单波：《跨文化传播的问题与可能性》，武汉大学出版社，2010，第 30 页。

者捕捉到，并形成了漫长的思想之流。[①] 这一思想之流隐含了特定的西方跨文化传播问题，可以概括为两个"霍尔"（Hall）的问题：好心的爱德华·霍尔试图帮助美国人克服傲慢与偏见，改善与其他文化群体的交流，但这种努力不仅改变不了美国霸权的实质及其灾难性的后果，相反被收编到美国全球化战略之中，以致霍尔当年的培训方法被扩展到各种商业培训，使美国人更懂得如何玩弄全球化的游戏。斯图尔特·霍尔力求指点强权范围之内和之间的缝隙，呈现文化抗争的希望，同时也通过建构去中心化的主体性，使人类能生活在互动与对话之中。可是，被全球化抛弃、压迫的人们常常是本能地选择冲突、暴力，把排斥他者作为抗拒全球化的方式，或者在文化自恋中独自疗伤，走向自我封闭；而英国政治家们则不断地以不同形式呼吁民族团结，暗中寻求办法来消除和抵制文化多元主义政治的出现。到头来，理论依然被大众与政治家的喧嚣无情地淹没。

长期以来，我们活在西方跨文化传播理论的阴影里，导入其理论与方法，可最终发现那是西方跨文化传播问题的产物，难以应对我们的问题。那么，中国的跨文化传播问题是什么呢？

中国在走向全球化的过程中缩小了与发达国家之间的差距却扩大了文化冲突，中国如何与他者交流，如何理解他者又如何被他者所理解，如何与他者进行价值观对话，如何与他者建立信任关系，如何增强跨文化传播能力，这些都成了极为迫切的问题。与此同时，中国社会内部面临更多的跨文化传播问题：发展不平衡的民族如何化解冲突，如何解决留守儿童、留守老人、新生代农民等弱势群体的"交流贫困"，如何重建群体间的信任关系，如何面对媒介化社会的"失联"现象，如何在陌生人社会里重建人的交流关系。

在跨文化传播这个亟待解决的问题上，中国与世界其他地方有着相似性：无论崇尚自由、信奉占卜的罗姆人，还是怀着乡愁为寻找富裕之路而散落四方的中国农村人，每个拥有不同信条的群体在全球一体化的过程中被共同赋予同一个信条——财富。当财富分配不均，每个群体都会用自己的文化方式表示着抗议。中国有着跨文化的特殊性，更多地偏向以文"化"人的

① 参见单波《跨文化传播的问题与可能性》第二章，武汉大学出版社，2010。

同化策略，失落了“和实生物”的智慧。而这种智慧的失落使多元文化群体的交流失去了内在的支撑。

这套丛书试图集中探索基于中国问题的跨文化传播，其特点在于：聚焦不同文化群体间的交流问题，并把这种问题还原到中国人的日常生活中加以观察，呈现中国人的跨文化交流，寻找新的理论解释路径，建构中国人的跨文化传播视野。

为此，我们努力面向问题而思，面对交流而辨。

是为序。

单 波

2015 年秋於珞珈山

序

在这个网上冲浪的全球化时代，我们的交流一点一滴地被“0”与“1”的数字化洪流裹挟而去，不由自主地在虚拟空间中穿越。假如我们摆脱了互联网眩晕症，适应了这种生活，就能看到一幅全新的全球化景观：来自不同文化背景的民众将自己的文化身份带入虚拟空间之中，并由此构建成一个个虚拟文化共同体，使得素未谋面的网民，在共同体中实现情感的共鸣与意义的分享，进而在特定的时刻转化为现实行动。与此同时，文化间的交流、融合、冲突与调适，也在虚拟共同体中持续上演。新问题出现了：多元文化身份的人如何组成了虚拟共同体？虚拟共同体是否能够促进文化对话，进而消解现实中的跨文化冲突？这是能勾起每一个人兴趣的时代命题。

读者诸君手中的这本著作，正是围绕上述核心问题做出的开创性探索。作者首先通过理论梳理，界定跨文化虚拟共同体的概念，并由此导出连接、信任与认同三个核心议题；然后选取少数民族原住民、多民族学习共同体和离散华裔人士三个群体作为研究对象，围绕每个核心议题进行经验研究，最终又归结到跨文化虚拟共同体的理论思考之上，形成理论与经验的统一。

本书选取的三个案例都饶有趣味。数字原住民和虚拟共同体的信任问题，已经有不少研究者加以关注，但是从族群文化身份切入的研究，似乎并不多见。作者聚焦少数民族这一容易被新媒体研究者忽视的群体，分析少数民族数字原住民的网络连接行为中表现出的文化身份特质，以及少数民族学生与汉族学生在虚拟团队共同学习中的跨文化问题。作者通过两个案例研究，提醒我们在思考民众运用新媒介时，使用者的文化身份是重要的影响因素。

唐君毅先生曾感喟在西方现代性浪潮的冲击之下，中华文化面临“花果凋零”的悲情处境，散居各地的华人唯有“灵根自植”，方能坚守自身的文化主体，并与其他文明展开对话。传播技术的发达，使得文化共同体的范畴远远超越了民族国家疆界的限制，离散海外的华人可以在虚拟空间中寻找自己的文化根系，表达自己的文化诉求并使得自己作为华裔的文化身份得以绵延，而这种虚拟文化共同体的运作机制，只有在各方矛盾凸显的新媒体事件中才能得到清晰的表露。本书选取的正是海外华人新媒体社会运动中文化身份焦虑与困惑的焦点时刻，运用曼纽尔·卡斯特的三种认同理论，对于全球华人在这起事件中的反应行动进行了沉浸式的观察，揭示了虚拟文化共同体中身份认同的流动与混杂，以及三类认同间的幽微关联。

虚拟共同体存在于赛博空间之中，研究者无法像研究传统共同体一样进入。稍纵即逝的研究时机、匿名且自发的群体特质、变动不拘的信息流、庞大芜杂的文本量，都给相关的研究带来了棘手的挑战，而研究对象所共有的“跨文化”特征，也给研究者的“入场”平添了难度。可贵的是，作者并未回避这些困难，而是综合运用深度访谈、问卷调查、文本分析、浸入式观察等多种研究方法，敏锐地追踪跨文化虚拟共同体的动态变化，兼顾线上行动与线下行动的关系脉络，结合质化与量化的视角对其运作机制展开研究，正是通过这样扎实的经验性考察切入核心问题。

作者以连接、信任与认同三个维度为支柱，搭建起解读跨文化虚拟共同体的分析框架，做出了富有价值的理论探索。三个维度是建立跨文化虚拟共同体不可或缺的组成因素，然而三个维度之间的关系是什么？是各自独立还是交叉影响？是逐层递进还是回环往复？进一步思考，除了上述三个维度之外，是否还有其他解读跨文化虚拟共同体的重要视角被遮蔽？三个案例呈现的跨文化冲突以及身份困境各不相同，在构建连接、信任与认同时也表现出不同的特征，这就给更高层次的理论观照增加了难度，即如何建立起更为圆融的统摄性分析框架，同时对跨文化虚拟共同体的理论层次进行更加细致的勾勒与分析。

媒介既是文化交流之桥，又是文化隔阂之沟，媒介技术的发展，不断延伸着人际沟通的触角，同时也制造出新的偏倚与断裂。这些影响内嵌在媒介的技术特性之中，更植根于媒介与人的关系之中。正是基于新媒介跨越时空的传播能力，虚拟共同体的紧密连接才成为可能，因此虚拟共同体中的信任与认同，也与新媒介的特质融为一体，成为媒介化的连接、信任与认同。那么虚拟共同体的文化特质，究竟在何种程度上受到媒介特质的影响？由此而建立起的信任与认同，带有怎样的媒介化烙印？这样的媒介化特质，究竟是解放还是阻碍了人们的跨文化交流？作者在书中曾多次触及这些问题，并在全书结尾处论及技术与共同体建构的关联。如何由此展开深入细致的观察？这为后续的研究提供了想象的空间。

筚路蓝缕，其行维艰。跨文化虚拟共同体的研究都刚刚起步，尚未形成体系化的理论思考，虚拟民族志等新兴研究方法也未臻成熟，留有广阔的开拓空间。多年来，我和作者共同走在跨文化传播研究的道路上，探寻跨文化传播的问题与可能性，作者独辟蹊径，专注于互联网时代的跨文化传播现象，沉潜其中，深造而自得之。我相信她通过跨文化虚拟共同体的研究，会不断揭示跨文化传播的新问题与新方法，拓展理论想象空间，寻觅通向文化间自由交流的新路径。

是为序。

单 波

丙申年寒露于珞珈山

目　录

第一章
跨文化传播中的虚拟共同体

一　虚拟共同体与跨文化传播的关系：主体与路径

共同体（gemeinschaft，英译做 community）的概念最早由德国社会学家斐迪南·滕尼斯（Ferdinand Tönnies）明确定义，他认为，共同体是“拥有共同事物的特质和相同身份与特点的感觉的群体关系，是建立在自然基础上的、历史和思想积淀的联合体，是有关人员共同的本能和习惯，或思想的共同记忆，是人们对某种共同关系的心理反应，表现为直接自愿的、和睦共处的、更具有意义的一种平等互助关系”。滕尼斯将“共同体”从“社会”（gesellschaft）的概念中分离出来，作为一个基本的社会学概念：“‘共同体’是一个含义复杂的词语，它与‘社会’的区别在于，共同体是持久的和真正的共同生活，社会只不过是一种暂时的和表面的共同生活。因此，共同体本身应该被理解为一种生机勃勃的有机体，而社会应该被理解为一种机械的聚合和人工制品。”（Tönnies，1999：ⅲ）

滕尼斯所强调的共同体是在血缘、感情和伦理基础上的自然成长，他认为其基本形式包括亲戚（血缘共同体）、邻里（地缘共同体）、友谊（精神共同体）。而共同体中的个体有着相同的目标，追求和谐的生活方式和“善”。因此，这种生活方式使得共同体中的个体紧密联系，守望相助，共生排他。在此意义上的共同体，在地方中形成，离不开地缘和“在场”。

不过，全球化和信息化改变了共同体对地方的依赖，以及地方对共同体的归属感。新的通信手段为构筑和奠定归属感开启了可供选择的道路，共同体产生了变化，人与人之间的关系可以发展为穿越时空的社会关系网络，使遥远的事件和力量渗透到我们当地的经历中。新的通信技术和信息环境酝酿着新的流动形态和互动方式，卡斯特认为当代社会是围绕着流动而建构起来的，流动成为所有事物的基本特征，也是其最终宿命。资本流动、信息流动、组织流动、技术流动、符号流动等各种“流”形成了卡斯特所定义的“流动空间”，流动空间不断产生，主导并形成了网络社会。（刘涛和杨有庆，2014：74）在电子线路和交通技术所铺设的流动轨道上，知识、商品、资本等内容在社会结构中的流动愈加频繁，人们在流动中征服了地方空间，征服了地方空间原有的状态与经验。（刘涛和杨有庆，2014：73）人们在共同体中所进行的意义交换、经验共享、文化共生不再依赖地缘和“在场”，原始意义上的共同体概念不断瓦解，“脱域（disembedding）的共同体”的概念开始重申。（张志旻等，2010：16）

原始意义不断瓦解的同时，随着社会生活进入流动的空间，共同体的概念在不同的语境下被不断地重构。共同体不是既定的，而是不断协商下的一种关系。不同的群体关系、组织类别、兴趣爱好、利益划分语境下，共同体的概念脱离地域的束缚，个体在共同体中寻求满足需求的途径，进而延展出学习共同体、科学共同体、经济共同体、行业共同体、政治共同体等。

得益于信息技术的发展，个体借由互联网来突破时间和空间的藩篱，实现从地域的缺席到虚拟“在场”，虚拟共同体成为网络社会中公民集群形成共同体的路径。虚拟共同体的形成是人类社会进化的结果，个体从来都不是独立存在的，脱域的共同体以互联网作为信息传导方式，使共同体从实体转为虚拟形态，为个体提供血缘、地缘之外的归属感，满足个体在网络社会生存的需要。（夏迎秋，2007：8）

目前我国对虚拟共同体（virtual community）的研究尚属起步阶段，对其概念的界定也不尽相同，现有与其相关的研究中包含了“网络共同体”“虚拟社区”等相近概念。李斌（2006）认为网络共同体是“网络”“网民”和“共同体”相结合的一种全新的概念，是网民在网络上基于主观或客观上的共同特征所结成的一种“团体”或“组织”。夏迎秋（2008）将网络共同体界定为以信息联系为连接纽带而形成的，网民在网络上基于主观或客观上的共同特征所结成的集群形式；并从成员构成、时空领域、社会心理、发展动力、社会约束、交往方式和连接纽带等多个维度界定了网络共同体的特征。张雨暄（2015）指出了虚拟共同体与网络共同体的差异所在："网络共同体往往强调在'网络'这样明确的介质中产生的来自于人类思想意识主控下的'团结'。然而，虚拟共同体则沿用了滕尼斯对于共同体最本质的界定：共同善和协商自治。具体地说，虚拟共同体是对网络空间'结合'的一种理性假设。'网络共同体'中，'网络'是共同体依托生存的介质；而'虚拟共同体'中的'虚拟'则是共同体存在的一种'形式'。"在不同的语境和话语体系下可能永远无法达成一致，但张志旻等学者（2010：16）从共性的角度给出了一个描述性的定义，就是"一个基于共同目标和自主认同、能够让成员体验到归属感的人的群体"。从这一共性可以看出，所有类型的共同体都包含共同目标、认同和归属感三个关键要素。

"我"是社会中的个体，也是"我们"中的一员。作为社会人，"我"只有处在关系之中才有意义。在互动协商中，个体的身份通过表现和交换得以显现在群体和网络之中，进而超越个人形成群体身份，以此标记群体内成员。共同体出现的前提条件，是所属成员都体验到一种归属感、对他人的信赖和安全感。（张志旻等，2010：19）共同体给予个体归属感和"内群体"的身份，被共同体排外的群体则被标记为"外群体"。"我"归属于某一群体，与人分享意义与价值，也能跨群体生存，通过跨群体身份来实现个人的价值、独特的创造和社会文化的融合。（单波，2010：11）这种在关系中体现出的社会距离的变化、跨界生存的可能性、文化同质性和异质性的对立，以及开放的文化系统，正是跨文化传播的基本元素。跨文化传播研究与其说是建构新的文化，不如说是寻求调适文化差距或文化冲突的策略。（单波，2010：33）虚拟共同体的构建跨越了地缘得益于传播技术不受地理约束，从实践意义上来讲，共同体的成员面临本土文化与共同体文化的冲突与交融，个体身份与集群身份的变迁，虚拟共同体的形成过程，以及其体现出的排他特性都是跨文化交往和传播的实践行为。

雷蒙德·威廉斯（Raymond Williams，1921—1988）在其1962年出版的《传播》一书中对现代传播和文化共同体构建的问题作出了深入的阐释。威廉斯认为，人类在不同时期存在着某种共同文化经验，今天各种新兴的大众传播媒介代表着共同文化经验。（曾一果，2013：12）威廉斯将传播视为经验和意图的分享，在这个意义上，任何关于传播的理论都是关于文化共同体的理论。（章辉，2014：91）

全球化背景下，人们所接受的文化信息已经远远超越了他们的物理空间，传播技术和运输技术的发展带来了人口流动、信息流动。跨地区的文化交流突破了空间对文化的限制，成为跨文化传播的一个主要特征。（单波，2010：75）因此，跨文化传播与虚拟共同体能够建立起一种共生的关系：虚拟共同体是跨文化传播的主体，跨文化传播是虚拟共同体形成及显现的路径，跨文化虚拟共同体最重要的意义是连接人，他们在互动中建构彼此，形成信任，逐步实现共同目标、身份认同和归属感，最终形成认同后的和谐相处。

二　虚拟共同体的形成

前文已对虚拟共同体的界定做出阐释，且指出共同目标、身份认同和归属感是任何类型共同体形成的三个关键要素。其中，共同目标是共同体生成的前提，身份认同是共同体生成的基础，归属感是共同体维系的纽带，接下来本书将从这三种要素分别探讨虚拟共同体的形成。

1. 共同目标

“共同体是持久的和真正的共同生活”，滕尼斯直接指出了共同体所承担的社会功能，即实现成员的共同生活目标，最终实现和谐相处的状态。传统意义上的血缘和地缘共同体维系了成员的生存需求，精神共同体满足了情感维系的需求。共同体的目标是满足成员的共同需求和利益，如学习共同体的成员的共同目标是提升学习能力；“而社会应该被理解为一种机械的聚合和人工制品”，强调社会是追求外部的目标，即维持既定的规则和秩序。

同样的，虚拟共同体的形成同样基于成员的共同目标。有了共同的需求和目标，个体与个体之间才会产生连接，分享经验。相比于传统意义上的共同体，虚拟共同体缺少领导力和约束力，在不受到生存需求束缚的情况下，网民的匿名性和随意缺席使得共同体对成员的约束行为很弱。现有研究发现网络共同体的连接驱动力更多的来自于共同兴趣和爱好，“这使得他们具有极强的主动性，热衷参与共同体中的各种事物，或者从共同体获取有用的信息资源进行共享，满足他们的物质和文化需求，他们对共同体的认同感是很强的。”（夏迎秋，2008：11）同样，张雨暄（2015：34）认为虚拟共同体可以划分为利益型虚拟共同体和非利益型虚拟共同体。显而易见，利益型虚拟共同体以获得利益为目标；而不被利益需求牵引的虚拟共同体往往是成员按照自己的喜好、兴趣或公益慈善来组成。

2. 身份认同

滕尼斯强调，在精神共同体中，成员之间的关系互动使得个体可以在共同体的形成与发展中获得归属感和认同感。在一个有共同言论和行动的共同体中，只有在“我们”中“我”才会变成“我”。个体并不优于团体，与其说它是种我们栖居于中的团体，不如将其定义为我们将要成为的个体的种类。

前文提到，由于组成虚拟共同体的成员更加强调兴趣和爱好，而共同体的形成取决于个体直接自愿的意志，因此成员对虚拟共同体的认同感更为自愿和强烈。但网络空间的流动性增加了跨界身份的多元化：身份有个人、社会和他群体特性，个人的身份传播是个人身份、群体身份和跨群体身份三位一体的活动。传统意义上，一个个体会归属的血缘和地缘共同体与生俱来，性别、年龄、职业等身份特征难以改变。而虚拟身份破除了传统身份认同的固化，人们可以凭借利益和爱好自由选择所属群体和持有相同价值观的群体，这种跨界身份随机且流动。人们可以为了同一利益组成临时的共同体，也能够因为兴趣改变而退出虚拟共同体。

3. 归属感

“共同体总是好东西。置身于共同体之中，这总是好事。……共同体是一个‘温馨’的地方，一个温暖而又舒适的场所。它就像一个家，在它的下面……大多数的时间里我们是安全的，……我们能够互相依靠对方，……我们的责任只不过是互相帮助。”“共同体依赖这种理解……是一种‘相互的、联结在一起的情感’——是‘那些联结在一起的人恰当的、真实的意愿’；幸亏是这种理解，而且只有这种理解，在共同体中，人们‘才得以保持根本性的团结，尽管有各种各样的分离因素’。”鲍曼（2007：2－4）对共同体的描述就如他所说，共同体是一种感觉（feel）。这种感觉就是个体对集群的认同、理解、满意和依恋程度的情感体验。（张志旻等，2010：18－19）共同体最初诞生的地方——家庭所建立的血缘关系具有无可置疑的，最原始的归属感；地缘关系里的成员分享共同的经验和文化意义。这种原始共同体的纽带，被滕尼斯称为所有成员都分享的“共同理解（common understanding)”。(张志旻等，2010：19)

然而建立在流动的网络社会的虚拟共同体已不再能够提供维系基于血缘和地缘的“共同理解”。虚拟共同体得以维系依靠的是超越个人利益的共同利益，以及得到成员认同的文化意义和价值观，甚至是由成员互动关系带来的情感纽带。但无论是何种形式的共同体，其提供的归属感的本质是相同的，就是鲍曼所描述的这种“感觉”：接纳，包容，信任，友好的，可依赖的，充满安全感的，可占有和享受的。

但需要说明的是，虚拟共同体的形成与运行不仅仅囿于网络空间。个体的身份认同和文化共享依然来源于现实世界和原生血缘、地缘的经验。个体的身份认同不仅在网络空间中流动，同时也在现实世界和网络空间中相互流动。虚拟共同体的建立同样在一定程度上依赖现实世界已存在的经验共享，也能够与传统意义的共同体进行互动与影响。

本书关注的是基于现实社会身份的个体如何在网络空间中组成虚拟共同体，他们在虚拟共同体中是如何互相连接，进而能够实现认同、形成信任关系。在此过程中，跨文化传播的实践又是如何发生的。研究案例选择了国内与国外两种视角，来探讨虚拟共同体中个体的连接、同与信任：国内以少数民族与汉族的虚拟学习共同体为研究对象，国外以美国的华人离散族裔如何在新媒体社会运动中形成虚拟共同体为研究对象。

三　跨文化虚拟学习共同体

1. 跨文化虚拟学习共同体的现状

在威廉斯看来，教育活动就是宽泛的传播活动，就是分享社会经验和意义的活动，也是创造文化共同体的活动。（章辉，2014：91）虚拟学习共同体将学习共同体与现代网络信息技术相结合，学习者与助学者通过网络相联系，在网上开展学习与交流；学习的范围由单个独立的课堂扩展为世界性的实践场，学习群体构成弹性更大，学习者与助学者都可能来自世界各地，教学材料更加丰富多样，时效性更强，学习活动的开展也更加灵活，富有创造力。（易点点，2007：172）

2016 年 1 月 22 日，中国互联网络信息中心（CNNIC）发布第 37 次中国互联网络发展状况统计报告，数据表明截至 2015 年 12 月，我国网民规模达 6.88 亿，互联网普及率为 50.3%。互联网对个人生活方式的影响进一步深化，从基于信息获取和沟通娱乐需求的个性化应用，发展到与医疗、教育、交通等公共服务深度融合的民生服务。（CNNIC，2016）

从教育的角度，互联网无疑意味着更多的机会与挑战。公开数据显示，最近三年，国内获得投资的教育企业数量每年以超过 20% 的速度增长；在线教育市场拓展速度加快，自 2014 年其用户规模持续增长，预计 2016 年在线教育用户将突破 1.2 亿，整个在线教育市场将达到 1885.9 亿元。（iResearch，2015）

庞大的互联网用户规模、不断积累的商业资本，都在预示着未来几年在线教育的蓬勃发展。由于网络社会里学习资源的不断增多，使学习开始成为一件更容易的事情。如果将互联网与高校里的专业学习结合起来，对于学生而言，会是什么样的体验呢？又是否会有更好的学习效果呢？

早在 20 世纪 90 年代，就有学者将虚拟社区与教学活动结合起来，构建虚拟学习团队（Virtual Learning Team，后文简称 VLT），让学生在其中共同进行学习上的讨论。VLT 是基于虚拟人机互动产生、维持以及模式化的学习共同体，这些共同体建立在不同的个体学习兴趣与专门化学习需求的基础之上。VLT 多指学生自愿参加，以网络为平台，以目标为导向，围绕创新性与实践性的课题展开跨学科跨时空的交流与合作，将师生与学生间交流延伸到课堂之外的一种协作方式。这种协作方式对教育有明显的促进作用，如关于墨西哥 MBA 教学中引入 VLT 的实证研究就证明了这一效果。（沈阳等，2009）随着数字新媒体产品的普及与多样化，课堂教学引入 VLT 的可能性和现实操作性大大增加。

对于学生而言，互联网不仅拥有海量的学习资源和学习机会，同时也意味着有机会接触到跨地域的、共同学习的同伴。在虚拟的、无边界的、流动的课堂里，大家各取所需、共同学习。在武汉的我，可以和在美国的她，共同学习同一门来自于哈佛大学的心理学公开课。尽管我们从未谋面，我们可以在 Coursera[①] 的论坛里，共同讨论课程视频中的案例。这种对空间、地域的突破，让一个个体开始有了和来自另一个文化中的个体进行对话的可能。互联网，让更多来自不同地域的人们，开始有了交集。然而，文化之间的流动，也往往伴随着冲突和矛盾。这种跨文化冲突，也会随着新媒体的产生而发生改变。文化差异往往能带来不同的媒体再现方法与过程。文化身份是跨文化交流与传播的焦点（Lewis，2000，转引自 Samovar，et al.，2013）如何在课堂中交流、活动，两国师生的理解可谓有天壤之别。这是因为他们都依据自身的文化背景建立起一套行为准则。人们对身份展示和交际传播方式的不同认识，这会成为焦虑、误解甚至冲突滋生的温床。（Samovar，et al.，2013：110）那些来自不同文化背景并生活在一个迅速变化的社会与世界里的学生，有着不同的经历、种族、性别、阶级、语言、宗教、才能以及年龄。（Gollnick D. M.，Chinn P. C.，1993）

这种现象，在本书后文的研究对象中也得到了明显的体现。跨文化不仅仅存在于汉族学生与少数民族学生之间，同样也存在于汉族与汉族学生之间、少数民族与少数民族学生之间。来自澳门的武汉大学学生在访谈中曾经提到，自己初来内地时，其他内地学生对自己的莫名关注让自己感到困窘；同样的烦恼也存在于来自新疆大学的柯尔克孜族学生之中，他们在访谈中提到[②]，第一次进入新疆大学宿舍时，面对寝室里维吾尔族室友的针对自己民

① Coursera，免费大型公开在线课程项目，由美国斯坦福大学两名计算机科学教授创办。旨在同世界顶尖大学合作，在线提供免费的网络公开课程。Coursera 的首批合作院校包括斯坦福大学、密歇根大学、普林斯顿大学、宾夕法尼亚大学等美国名校。

② 研究团队在跨文化虚拟学习计划结束后，于 2015 年 5 月底第二次赴乌鲁木齐，对来自新疆大学大二、大三的学生进行了访谈，访谈内容与第一次相同。

族的讨论，也会感到不舒适，甚至愤怒。这个过程，就是一种动态的跨文化互动行为。

教育是化解跨文化冲突的有效途径之一。提高青年的跨文化交流与沟通能力，促使其有效地使用数字新媒体进行跨文化互动，有着十分现实且重要的意义。本书试图从非语言学习的角度，考察来自跨文化背景的大学生在网络平台上组建虚拟学习团队的过程、互动方式和学习效果，为现有研究做出补充。从另一个角度而言，也能为互联网时代，不同族群的人们之间的交流、学习和合作提供值得思考的衡量标准。

本书聚焦跨文化的虚拟学习共同体，因而文化对于本研究而言，具有十分重要的意义。有关文化的定义，复杂多样，但学术界已达成共识的是，所有文化都至少存在五种元素，即历史、宗教、价值观、社会组织和语言。（萨默瓦、波特等，2004）如特里安迪斯（Triandis H.，1994）所指出的，文化是一系列人类创造的客观和主观的元素，这些元素增加了人类生存的可能性，提高了其成员在生态系统中的适应能力。当文化认知与符号系统不同的两个对象，走到一起进行交流时，跨文化交流开始出现。

跨文化虚拟学习共同体，作为跨文化交流的形式之一，同样能为教育带来挑战和机遇。在教育环境中，学习者的学习方式，因文化的不同而相异，文化影响着人们处理信息的方式。（Calloway-Thomas，C.，Cooper，P. J，Blake C.，1999）而虚拟学习平台，则为来自不同文化的学生提供与他人互动的机会，从而试图促进不同文化主体之间进行有效的理解与交往。这些也正是互联网时代教育的重要意义之一。

2. 跨文化虚拟学习共同体的互动

关于虚拟学习团队的研究表明，在基于信息技术形成的虚拟社区里，教育工作者和学生都承认自己是虚拟社区里活跃的成员，学生会开始学习如何参与并管理自己的学习（Ewing，2005），而社区内的参与者也能倾听他人并对他人的观点作出反馈。（Michaels S.，O'Connor C.，Resnick L. B.，2008）有学者认为，虚拟学习社区之所以有价值，在于其能为学生提供一个空间，在这个空间里，学生能形成积极的参与认同，这种参与认同促使虚拟团队内的成员共同完成有意义的任务。与此相关的研究指出，课堂中较强的社区感，能提高学习者之间的信息流动与支持、小组任务的完成、成员之间的互动，并产生小组学习的满足感。(Bruffee，1993)

总体而言，社区关系能让学习者有更良好的参与感、有更强烈的互助意愿，从而使学习者从中获益。(Wellman & Gulia，1998)

已有研究表明，在团队共同工作时，一个关键的个人层面上的因素是团队成员的文化背景。(Vallaster C.，2005) 结合本书跨文化的研究对象，本书将聚焦于基于任务的四种互动行为模式。

(1) 合作行为

合作行为意指虚拟团队的成员通过共同努力、互相帮助从而达成共同的目标。在一些实证研究中，通常会通过“团队成员随时会互助合作”、“团队成员互相交换意见的频率高，且交换的信息有助于问题解决”等描述进行合作行为的测量。(宋源，2010)

全球各组织内部的多样性都在增加，文化多样性，尤其是国家的、民族的文化多样性，会以多种方式影响着团队内部的行为、产出。(Starke-Meyerring D.，Andrews D.，2006) 当这种不同得到有效利用时，团队产出将变得可观。

但由于虚拟的环境中通常包含不同文化背景、不同价值观的成员，因此合作行为通常会受到多种因素的制约，并且合作行为经常可以直接反应虚拟团队的绩效。(Sarker S.，Sahay S.，2002) 研究表明同种文化内部的交流比跨文化的合作更为有效。(Harris，Nibler，1998；Oetzel，1998) 由此来看，在跨文化虚拟学习团队中，成员之间由于缺乏共享的知识、语言，可能会导致团队出现沟通不畅的情况，从而出现合作失败的互动模式。(Crampton C.，2001)。

(2) 冲突行为

冲突行为意指在虚拟团队合作过程中，团队成员在信息交流和共享上存在争议、互相的挑战与启发等整体表现。学者对冲突行为的划分略有不同。如有学者从关系冲突、任务冲突和流程冲突三个层次进行研究 (Jehn K. A.，Greer L.，Levine S.，et al.，2008)，也有学者从建设性冲突和深度沟通两个维度测量 (宋源，2010)。

研究表明有些类型的冲突行为可以使得成员之间互相补充启发，从而创造出新的内容和想法。但同时，与同文化团队组员相比，跨文化团队的成员会使用更多可评估的反馈，较少的使用双向沟通行为。（Zamarripa P. O.，Krueger D. L.，1983）这说明，跨文化团队的互动方式通常呈现出多种形态的冲突。

（3）主动创新行为

在已有研究中，主动创新行为通常指团队成员主动、积极地利用各种资源进行创新活动。而与学习相关的虚拟团队中，通常的创新行为可以表现为主动获取并分享、创造学习成果。在一些实证研究中，学者会用如“团队成员能主动学习新知识和新技能”、“团队成员会主动以新的角度去找出问题，并针对问题提出具有创造力的解决办法”等量表进行测量。（宋源，2010）

但研究表明，与同文化相比，由于文化价值观的差异，跨文化容易产生误解，而且焦虑感也比较高。（陈国明，2014）一项关于在线跨文化共同学习的实证研究表明，尽管等级间的消失、灵活多变的结构的出现使合作交流的机会面临更少的障碍，如地域、时间的限制，但文化因素同样会影响团队内成员的产出行为。（Zakaria N.，Cogburn D. L.，2010）这一点在前期关于少数民族学生在跨文化虚拟学习团队中的参与研究中得到了证实。（肖珺、王婉，2015）

（4）技术适配度

有关于科技方面的研究表明，通常在一个有效的虚拟共同体中，共同体成员能够适应所使用的技术，并且这种技术与虚拟共同体的共同任务之间联系紧密。这种技术与虚拟共同体之间交流的匹配度，被称为技术适配度。（Maznevski & Chudoba，2000）

在虚拟共同体进行有效互动的过程中，共同体成员在初期会改变自己原有的沟通行为模式，从而适应新的技术；随着任务的进行，技术本身也会逐渐符合共同体成员的需求。（宋源，2010）在本书后文的研究中将用微博作为本次跨文化虚拟学习共同体的技术系统，是共同体成员之间进行交流的主要技术，因此，技术适配度将直接由微博来体现。

四 离散族裔虚拟共同体

1. 跨文化传播的新视角：散居海外者共同体

跨文化传播研究的新视角开始关注双重国家文化空间——过去祖国的文化空间和新到国家的文化空间，“散居海外者研究”逐渐进入研究范畴，并且重点倾斜于互联网媒体。因为互联网是散居海外群体最好的传播工具，散居海外者可以通过这种不受地理约束的传播技术，建立和维护散居海外者的共同意识，在网络的虚拟空间中实现文化的重新本土化，从而使他们在新的居住地依然拥有传播自己民族文化和保持原有民族文化身份的文化空间。移民与东道国成员的相遇形成了多元的文化处境，移民的文化适应策略与东道国的社会成员对移民的文化适应的诉求会在矛盾、冲突中相勾连，因为不同文化背景的人希望通过文化身份的建立尽量地争取自己的同盟，这是全球化时代下被分裂的文化要素进行组合的方式。（单波，2010：71－79）跨文化传播研究与其说是建构新的文化，不如说是寻求调适文化差距或文化冲突的策略。（单波，2010：19）

2013 年 10 月 16 日发源于美国的华人抵制吉米·基梅尔脱口秀（Jimmy Kimmel Live）节目运动集中展现了美国华人的跨文化冲突和矛盾，以及离散族裔通过新媒体建立起离散族裔虚拟共同体的实践。

2. 新媒体社会运动

社会运动的概念是德国社会学家洛伦茨·冯·施泰因（Lorenz von Stein）在 1850 年讨论大众政治反抗时最先引入的，该词最初所表达的是作为整体的工人阶级获得自我意识和权力的过程。不过，社会运动作为特定词语，其含义在后来的使用过程中一直复杂多变，本书认同：“社会运动是指一个群体为追求或抵制特定社会变革而以某种集体认同和团结感为基础，并主要采取非制度性方式进行的，具有一定连续性和组织性的冲突性集体行动。”社会运动与基于计算机和互联网等技术体系支撑的新媒体相联系起始于 20 世纪 90 年代早期，墨西哥的萨帕塔主义者为维护土著印第安人的利益，发起了反抗西班牙帝国主义的“萨帕塔运动”。运动者广泛利用互联网

（例如，帮助非政府组织上线），将运动的信息和诉求扩散到全世界，从舆论上争取全球范围内的支持，进而防止政府的大规模镇压，这一事件因此被称为“第一场信息化的游击运动”，并被视为后现代主义革命的象征。此后，世界范围内的社会运动都在不同程度上使用各种新媒体，当下更多地表现为以社交媒体、移动终端为代表的数字新媒体，使公众能够以一种史无前例的方式参与各种讨论，使人们得以广泛地、实时地“共享信息、分享情感并相互支持”。

与此同时，新媒体的出现极大地提升了普通个体组织和参与社会运动的可能性，同时也降低了正式组织在社会运动中的重要性，行动者以个人生活方式为基础形成灵活的政治认同。此外，网络社会本身作为当代最普遍的政治社会化和再教育的工具，使得拥有某种共同经验、特征或者意识的政治人群更容易在网络社会中相遇，形成政治联动体，动员并参与社会运动。

基于这一发展态势，“网络行动（online activism）”作为通过网络或其他新型通信技术开展的抗争性活动，成为当下社会运动发展中的普遍现象。一方面，新媒体社会运动将网络与发生于特定时间、地点的传统抗争活动结合起来，线上的话语表达成为线下行动的动员工具；另一方面，抗争性运动的行动中心亦可在网络虚拟空间，主要包括网上的政治议题讨论、签名请愿、口头抗议、虚拟静坐、黑客攻击等行为，它们可能波及线下，也可能不会。本书中的“新媒体社会运动”是指社会运动行动者借助网络平台和各类新媒体产品所进行的抗争性的集体活动，他们以此表达诉求并实现某种利益目标。在此过程中，线上（议题讨论、签名请愿、抗议声援等）和线下（抗议、游行、政治集会等）的方式可能出现融合的态势，也可能仅存在线上的抗争。

总的来看，新媒体加快并在地域上扩大了关于抗议和社会运动的信息的扩散，降低了信息交流的成本，使人们能够克服空间、时间、身份以及意识形态的限制，从而扩大了社会运动的意义建构空间，使社会运动中认同感的建构不再局限于人际传播、面对面交流的微观情境中，个人或团体自发结成松散的组织，缔造了不苛求“共时”和“在场”就能“感知彼此共享命运”的公众网络，使不共时、不在场的共同体想象成为可能。

五　本书脉络与概要

前文已梳理了虚拟共同体与跨文化传播的关系，本书聚焦国内少数民族大学生与汉族大学生形成的虚拟学习共同体中的跨文化传播现象，以及美国离散华人在新媒体社会运动中如何形成虚拟共同体来进行跨文化传播实践。研究的目的在于探讨：作为跨文化传播主体的虚拟共同体成员如何连接，形成了怎样的认同，是否实现互相信任；虚拟共同体的跨文化传播采取了怎样的策略，实践的效果如何。

本书分为六个章节。第一章"跨文化传播中的虚拟共同体"，也就是本章，对虚拟共同体与跨文化传播的关系、虚拟共同体的构建形式，以及对基于学习和基于社会运动的虚拟共同体进行了文献的梳理。第二章，将分别从连接、信任与认同三个维度探讨虚拟共同体的特质。第三章，少数民族数字原住民的数字化连接，将展示少数民族原住民的新媒体使用行为，探讨他们的数字化生存方式所面临的困境，思考少数民族原住民对公民社会的讨论缺席现象。第四章，跨文化虚拟学习共同体的信任，将引导少数民族和汉族的大学生建立基于微博平台的跨文化虚拟学习计划，观察跨文化虚拟学习共同体中的信任建立和合作效果。第五章，离散族裔的跨文化身份认同，以美国华人抗议吉米·基梅尔脱口秀事件为案例，探讨新媒体社会运动中离散族裔的身份认同以及虚拟共同体的建构，观察他们如何利用多重身份标签为离散族裔实现运动目标、重构族群形象和地位、争取平等权利而服务。第六章，对全书内容进行总结和提炼，凝聚为跨文化虚拟共同体的维度及关系，从连接与信任、认同、技术与共同体三层维度中反思虚拟共同体与跨文化传播的深层关系。

结合现有关于虚拟共同体的研究，本书试图尝试回应和补充以下议题：

第一，针对新闻传播学专业的研究极少。于新闻传播学专业学生的专业素养教育而言，虚拟共同体不仅是教育互动平台，还是自媒体（we media）。"自媒体"最早于2003年由谢因·波曼与克里斯·威理斯提出，意指普通大众被数字技术赋予力量，可以将知识传递到全世界，并致力于参与到真相的传播、新闻的制作的过程中。（Bowman & Willis，2003）因此，在数字新媒体蓬勃发展的背景下，专业素养需强调学生能够“通过解析网络信息（特别是新闻）生产、传播、反馈的循环过程，建构网络传播与社会发展（网民行为模式、新闻业转型、文化创新、政治形态、经济发展等）的宏观思维框架和个体研究习惯”（肖珺，2015）。自媒体则是新闻传播学专业学生培育和提升专业素养的工具平台之一，借助自媒体建构虚拟共同体，通过设计系统的学习方案，促使学生进行专业学习讨论和练习，从而不断塑造专业素养，这在新闻传播学专业教学中具有明显的现实意义。但是，既有研究几乎没有论及自媒体作为虚拟共同体的新闻传播学教育意义，无法呼应当下的媒体场景转移。

第二，跨文化虚拟共同体的研究匮乏。现有研究主要集中在单一文化场景中，极少涉及虚拟共同体中的跨文化交流与学习效果相关性的讨论，更少论及少数民族学生样本。本书以新疆大学新闻与传播学院（以下简称新大）、武汉大学新闻与传播学院（以下简称武大）本科生为研究样本，通过建立微博虚拟共同体的教学实验，试图探讨新疆少数民族学生在跨文化虚拟共同体中进行新闻传播学专业学习的参与情况与学习效果。

第三，开拓海外华人社会运动中跨文化虚拟共同体的新问题意识。跨文化虚拟共同体研究的意义说到底是文化间融合，它涉及文化的表达、互动、争夺和理解。现有研究中已开始对学习型虚拟共同体、经济型虚拟共同体（电子商务等）、亚文化虚拟共同体（游戏等）有所涉猎，但对海外华人的研究几乎是空白。本书对海外华人社会运动中跨文化虚拟共同体现象表达出强烈的问题意识，因为，此类现实问题既是中华文化在信息资本主义全球流动下面临的新挑战，也是离散海外的华人通过虚拟共同体寻找文化根系、获得文化支撑的现实需求，从历史的角度看，跨文化虚拟共同体在未来或许会成为绵延文化身份、坚守文化主体的可能途径。

基于上述三类议题的关注，本书结合具体的研究问题，综合运用了深度访谈、问卷调查、参与式观察、内容分析、话语分析等研究方法，希望从多元的研究方法中整体细致地揭示三类议题中跨文化虚拟共同体的规律、特征和问题。

第二章
虚拟共同体的连接、信任与认同

在虚拟共同体中，每个个体通过技术工具进行连接，并逐渐形成信任和认同，从而实现共同目标。因此，连接、信任与认同是虚拟共同体的三要素。本章将从连接、信任和认同三个角度，阐述虚拟共同体的结构和其内在的运行逻辑。

一　基于连接的虚拟共同体

在《大连接》一书中，作者尼古拉斯·克里斯塔基斯（Nicholos A. Christakis）在其结语中写道："文明社会的核心在于，人们彼此之间要建立连接关系，这些连接关系将有助于抑制暴力，并成为舒适、和平和秩序的源泉。人们不再做孤独者，而是变成了超级合作者。"由此来看，连接是构建社会网络的前提。人们通过彼此间的连接形成或近或远、或强或弱的联系，这种关系本身便可成为网络社会中的重要组成成分，与身处关系网中的每个个体相互作用。

连接在信息时代变得尤为重要，而且尤为便利。现代社会中社会关系正在因为连接而实现了大规模的扩张，技术的发展使得交通与信息沟通更发达，数字新媒体的数量以惊人的速度在增加，它让信息、知识和情感的流动异常频繁。随着计算机网络与设备的更新换代，虚拟共同体，甚至跨文化虚拟共同体的连接变得更为频繁和必要。从网络社会的角度而言，虚拟共同体的连接关系具有以下几个特征。

铰链式关系。虚拟共同体是基于连接性的网络社会的构成单元之一。在虚拟共同体中，成员之间因为共同的目的，在技术工具的支撑下连接为一体，形成小规模的社会网络。在这个共同体的网络关系中，成员间通过“铰链式的联系”紧密结合在一起，关系本身比成员或个体更为重要。尤其在跨国、跨文化的虚拟共同体内，这种铰链式联系的特征更为明显。

连接有强弱之分，强连接促进行为，弱连接传递影响。在虚拟共同体的关系网络中，连接同样存在强弱之分。在 20 世纪 60 年代，米尔格拉姆（Milgram）曾经提出了“六度分割”，认为大部分美国人相互之间仅仅间隔 6 个中介。瓦特（Watts，2003）认为这种人与人间只相差 6 个中介的说法在世界范围内都通行。随着技术的发展、社会关系的扩张，研究者发现这个数字呈现出减小的趋势。总而言之，人们可以通过网络与自己生活圈以外的人进行连接，虽然这种连接有强有弱。尼古拉斯认为强连接促进行为、弱连接传递影响，不论是强连接还是弱连接都有其重要功能。如格兰诺维特（Granovertter）坚持认为，强连接关系能将作为个体的一个个人结合为群体，但弱连接关系可以将不同的群体结合为更大的网络社会。由此来看，弱连接常常扮演不同群体间的桥梁角色，因此同样具有重要的作用。

在虚拟共同体的网络结构中，成员间通过连接相互影响，从而共同行动。在共同目的的促进下，成员间的互动会通过连接关系传播出去，并在成员之间互相传递。但是虚拟共同体成员间的连接同样存在强关系和弱关系，且这种连接关系与所选的技术系统通常紧密相连。由于共同体内部成员的互动变化，关系网也会呈现出动态的变化，比如随着沟通的深入、合作的完成，成员间的弱关系也会转化为强关系。

线上与线下的关系并存。虽然虚拟共同体的连接依托于网络技术的支撑，但虚拟共同体并非仅有线上的联系，更多时候虚拟共同体的关系将同时存在于线上及线下。线上的虚拟连接不会完全取代线下的会面，甚至线下的交流能补充线上的连接。

高度组织化的联系。较传统线下的面对面团队而言，虚拟团队成员间因跨时间、空间的连接方式存在组织制度概念淡薄的趋势，较难感受到真实的组织制度约束或保障，但虚拟共同体同样可以有高度组织化的联系。虚拟共同体以去中心化的方式连接起来，也可以在共同体内通过共同目标实现中心化。这种去中心化和中心化的结合能将关系更好地组织起来，从而实现灵活高效的互动。

连接的不稳定性。由于虚拟共同体属于网络社会，因此它同样具备网络社会里各类组织机构共有的特性，即不稳定性。社交网络的存在使得社会关系变得脆弱、技术化和社会心理化，当虚拟共同体失去其共有的价值取向、共同目标后，成员间的关系同样将面临挑战。同时，作为技术系统的信息通信技术也并非坚不可摧，一旦技术出现故障，整个虚拟共同体的维系也将受到影响。更为重要的是，虚拟网络关系影响着个体自治。在虚拟共同体中，每个成员都拥有一定程度的个人自治。网络作为具有系统特性的一种媒介，它联结了不相连的机器及其人类操作者，能够简化他们的通信和活动，从而提高效率。（简·梵·迪克，2014）因此在整个虚拟共同体的活动中，个人既可能享有更大的个人自治权，同时也可能接受他人的选择和作为一个整体的技术系统或系统的设计，抑制自己的自治权。此外，个体的文化背景、行为偏好及自律状态、隐私要求等因素，都会影响虚拟共同体的稳定性。

二　虚拟共同体的信任形成与维系

信任的内涵与定义在学术界一直没有一个共同认可的看法。在社会心理学领域中，学者多伊奇（Deutsch）最早于1958年将信任定义为“信任者对被信任者采取合意行动的信念和预期”。有关信任的研究也多从信任对于行动、认知的影响等角度入手。从虚拟共同体的角度而言，信任是其团队内部成员进行互动、创新和任务达成的重要影响因素。信任的形成与维系，同样受到多种因素影响。

如在以学习为主要目的的虚拟共同体中，研究者指出存在四个主要因素影响着学生们在共同体中的表现，分别是精神、信任、互动和学习。其中，信任（trust），意指一种认为组内其他成员可信的感觉，代表着社区内学习者愿意依赖其他值得信任的成员。信任包括两个维度：一是指社区内其他成员的语言值得信任；二是互助的善行，指学习者真心愿意帮助其他同学学习。该研究通过对比试验发现，较强的社区意识有助于学习者更高频率、更多元地进行互动。（Rovai，2001）

现有关于共同体的研究，主要从成员的参与意识、对不同于自己的观点的容忍程度以及成员之间的信任感等维度进行探究，讨论其对虚拟共同体有效性的影响与作用。（宋源，2010）在这些研究中，信任作为一个关键因素，对虚拟共同体能否成功至关重要，尤其是当内部成员的文化背景存在差异时。

与传统线下的合作不同，虚拟共同体，尤其是以学习、工作等为目的的跨文化虚拟共同体，通常是一种临时性的共同体，它是在有限的时间内为完成某项特定任务而建立起来。共同体内部成员在这次合作以前，没有曾经合作的经历，未来继续合作的可能性也极低。（Meyerson D.，Weick K. E.，Kramer R. M.，1996）在这种虚拟的、临时性的共同体中，成员之间的信任通常是快速建立起来的，它存在于共同体共同的任务目标之中，并非逐渐形成，而是直接输入的，这种信任被称为“快速信任”。

研究表明，在信任程度较高的虚拟共同体中，社会交流信息较少，共同体表现出较高的任务定向。（Jarvenpaa，1998；Leidner，1999）因此，学者认为在虚拟共同体中，信任呈现非人际化的特点。但在虚拟共同体成员共同合作完成任务的过程中，信任也会随着非任务性的交流而加深，因此虚拟共同体中的信任同样呈现情感的维度。（Kanawattanachai P.，Yoo Y.，2002）。基于这些研究可以发现在虚拟共同体中信任的形成一开始基于任务式的认知，后来逐渐基于情感。

总体来看，学者在对虚拟共同体的信任进行测量时，主要从基于任务和基于情感两个维度入手。在对各个学者的因素研究进行识别后，发现对于虚拟共同体中的信任最为主要的影响因素分别是：

能力。能力是指在信任者心目中对被信任者能力的认知，这种能力是指被信任者是否具备在他熟悉的环境中起到作用的各类技术、专长等，综合称其为能力。由于虚拟共同体由跨越时空限制、跨文化背景的成员组成且组成的目的在于完成共同的任务，因此这种在任务上的胜任能力可以给其他成员提供与任务相关的信任。（宋源，2010）

信任倾向。在虚拟共同体中，信任倾向是指在一般情况下共同体成员对别人是否信赖的倾向性。大量研究证据显示，人们在信任他人的一般倾向性上存在着个体差异，早期的人际信任经历使人们初步建立起对其他人可信度的一般性观念。有研究表明，人们在信任倾向上有高低之分。高信任倾向的人，总体上认为别人值得信赖，并能进行合作。对于较低信任倾向的人而言，这种高信任倾向的人群显得更加愿意与人合作。（Baron R. S.，Kerr N. L.，Miller N.，2003）由于虚拟共同体的成员在组成之前，对彼此了解较少，因而这种信任倾向有着十分重要的意义。信任倾向直接影响着虚拟共同体最初的信任基础，从而影响着整个虚拟共同体的信任氛围。

角色合理性。共同体角色是指共同体成员为推动整个共同体的发展而与其他成员交往时所表现出来的特有态度和行为方式。在传统的共同体效能研究中发现，一个有效的共同体内部存在四大类角色，分别是探索者、建议者、控制者和组织者。研究表明，混合型共同体是最成功、最具有创造力的，共同体成员间信任程度也最高。（Margerison C.，McCann D.，1990）根据这种理论，研究学者同样验证了，虚拟共同体中的角色合理性越高共同体信任程度越高，因此建议在虚拟共同体成立之初，合理分配共同体成员角色，才能更好地实现预期目标。

任务依赖性。任务依赖性是指共同体成员必须彼此依赖，才足以完成任务。（Van den Hoof B.，deRidder J. A.，2004）无论是传统共同体，还是虚拟学习共同体，完成任务的过程通常难度较大且专业程度较高，成员之间的任务通常互相依赖。（张喜征，2004）这种基于任务产生的依赖，以及依赖所潜藏的威胁都是共同体信任产生的重要前提。

组织愿景。与上述几种因素不同，组织愿景更多是从共同体整体层面出发的影响因素。组织愿景，是指在虚拟共同体中，长远发展方向、共同体目的甚至理想目标，都明确且受到共同体内部成员的认同。（宋源，2010）研究表明，组织愿景明确，有助于成员形成对组织的信任，从而促进整个共同体的信任水平。

三　虚拟共同体中的认同建构

1. 集体认同的建构与形式

在网络社会中，地方与全球的分裂、权力与经验在不同时空中的分离使得认同的建构面临着新的问题，“要建立以信任为基础的亲密关系，则需要对认同重新定义，这种认同应具有充分的自主性，完全独立于支配性的制度与组织的网络逻辑”（Castells M.，2003）。据此，西班牙裔美国学者曼纽尔·卡斯特（Manuel Castells）[①] 将认同（identity）定义为人们意义（meaning）与经验的来源，且一切认同都是建构的。通过涉及社会行动者（social actor）的认同概念，卡斯特把意义建构的过程放到一种文化属性或一系列相关文化属性的基础上。他认为，一般而言，谁建构了集体认同、为谁建构了集体认同，大致便决定了这一认同的象征性内容。

据此，卡斯特将认同建构的形式和来源分为三种：合法性认同（legitimizing identity）、抗拒性认同（resistance identity）和规划性认同（project identity）。

合法性认同以社会已有的支配性制度为基础，以扩展和合理化行动者的诉求和行为。合法性认同的建构会产生一套组织和制度，以及一系列被结构化的、组织化的社会行动者，这些社会行动者同时也再生产出合理化其行动和主导性的认同。然而，当行动者的诉求在合法性认同的框架内无法实现时，他们可能或转向抗拒性认同的建构。抗拒性认同“可能是我们社会里最重要的一种认同建构”。（Castells M.，2003）这种形式的认同建构主体常常是那些被社会主导的逻辑所贬低或污蔑的行动者，他们倾向于将自我界定为不受欢迎的，并围绕“内”与“外”的划分原则，通过反对他者的经济、文化和政治剥夺构筑起“我们”的共同体。抗拒性认同为行动者短期的抗议行动提供了解释框架，而他们的目标常常并不止于此，规划性的认同成为可能的选择。规划性认同是社会行动者构建的一种新的、重新界定其社会地位并因此寻求全面社会转型的认同，“这种认同也许能够重建一种新的公民社会，并最终重建一种新的国家”。

此外，卡斯特强调，这三种认同类型并非固定不变，以抗拒性为开端的

---

① 本书对 Manuel Castells 的姓名翻译参考其系列丛书 *The Information Age*：*Economy*，*Society and Culture* 中译本《信息时代三部曲：经济、社会与文化》（2003 年版，社会科学文献出版社），另有翻译版本为曼威·卡斯特、曼纽尔·卡斯特利斯。

认同有可能在社会制度当中占据支配地位，从而成为合理化其支配地位的合法性认同；规划性认同的建构则源自于共同体抗拒，它是对一种不同生活的规划，有可能以被压迫者的认同为基础，扩展到由规划性认同所延伸的社会转型。

现有研究大量集中于抗拒性认同，研究认为：认同政治就是一种抗争，因为它要求“其他人、其他社会群体和组织（包括国家）必须作出反应”，也“因为认同政治涉及拒绝、贬低和替代别人所承认的身份”（Calhoun C.，1994），由这种框架所界定的集体认同感，“必然是对抗性或敌对的”（Gamson W.，1992）。中国学者的研究也认为：“在当前中国网络威权主义的背景下，网众的抵抗性认同成为占据主导地位的互联网抗争动力。”（Gamson W.，1992）

卡斯特提出的认同划分框架（即合法性认同、抗拒性认同和规划性认同）得到了不少研究的支持。合法性认同在现有社会支配性制度的框架下，通过定义抗议对象的不合法行为、寻找政治和法律的解决路径，将社会运动的诉求合理化，进而得到社会支配性力量的认同；抗拒性认同被认为是最重要、最主要的认同形式，它采用清晰划分内外、敌我的方式进行社会抗争，通过抗争获取对抗性的认同；规划性认同则是一种新的建构，社会行动者通过构建一种新的话语、新的空间、新的身份来重新界定自身的社会地位，制订长远的群体规划，最终寻求全面的转型。现有研究中，抗拒性认同成为相关案例研究的主要视角，而合法性认同、规划性认同及其相互之间的转化未得到充分地验证和阐释，这使得新媒体社会运动的多样性被有意无意地忽略。

2. 新媒体社会运动中的认同及其传播：集体认同、个性表达和跨国传播

集体认同感是传统的社会运动研究中的核心议题，梅卢西（Melucci，1989）认为，“强大的集体认同感对集体行动来说并不仅仅是工具性的，它本身就是一个目标……是一个文化成就……”，而且，“社会运动所构建的‘我们’感是对抗性的……因为它们在文化的基石之上向复杂体系的逻辑提出了挑战”。（Melucci A.，1996）

以时间和诉求为标准进行划分，当前基于新媒体展开的社会运动大多可

以被归类到新社会运动[1]之中，集体认同感（collective identity）的建构被放在了更为重要的地位，甚至成为运动中最核心的任务。（Gamson W.，1992）正如行动者的动机与目的往往是实现一些非物质性的价值（孙玮，2007），行动者之间的聚合基础也多是基于某种共同身份的认同。因此，学者们认为新社会运动是一场原有的现代化价值与正在兴起的后现代价值之间的冲突，反映了传统的阶级认同感日渐式微的背景下，新的社会阶层和新的认同感的兴起。（何平立，2007）

如卡斯特所说："认同的社会建构总是发生在标有权力关系的语境里。"（Castells M.，2003）其中话语的力量受到了国内外研究的重视，"话语是认同建构的基本因素与前提条件"（陶国山，2013），"人类语言……两个密切相关的功能：支持社会活动的开展和社会身份的确定"（詹姆斯·保罗·吉，2013）。根据福柯的观点，话语和权力是一种辩证同构的关系，权力体系生产出不同形式的话语，而不同的话语所特有的实践形式又赋予权力新的内容。（纪玉华，2001）认同的建构、传递和接受是在对话中进行的，这些对话的实现不仅是话语权的表征，其中使用的符号及其意蕴都是社会权力关系的象征。因此，认同建构可以被视为是一种深刻的、社会性的话语实践行为。

与此同时，新媒体的出现极大地提升了普通个体组织和参与社会运动的可能性，同时也降低了正式组织在社会运动中的重要性（Arquilla J. & Ronfeldt D.，2001），行动者以个人生活方式为基础形成灵活的政治认同（Beck U. & Beck-Gernsheim E.，2002）。此外，网络社会本身作为当代最普遍的政治社会化和再教育的工具，使得拥有某种共同经验、特征或者意识的政治人群更容易在网络社会中相遇，形成政治联动体，动员并参与社会运动。（郭彦森，2013）

---

① 新社会运动是指，第二次世界大战后兴起的、有别于传统政治解放运动的新型社会运动，其诉求并非针对国家政治制度本身，而是某些具体的公共政策、相关的个体或机构的行为以及大众的价值观念，由物质的追求转向对价值的推崇。参见周穗明《"新社会运动"的性质、特点与根源——西方左翼理论家论"新社会运动"》，《国外理论动态》1997 年第 1 期，第 113～120 页。

地理和心理的距离都是限制跨国运动发展的重要因素（刘颖，2011），而新媒体的出现可以将分散在全球范围的个人和组织联系起来，通过信息的交换和行动的协调，有效地缩短距离，形成对决策者有实质影响的“虚拟群体”。（Tarrow S.，2005）一般认为，跨国联系通常以牺牲地方整合为代价，但学者对匈牙利的公民社会组织的研究发现，公民组织可以在扎根本土的同时保持全球化的联系。（Sassen S.，2006）可以看到的是，当前的跨国社会运动并不局限于从本土向全球的扩张，同时也出现了一种文化内化的趋势，杨国斌指出，1998 年抗议印度尼西亚对华裔施加暴力等事件反映了共享语言等人们所关注的问题，因而“使跨国的中国文化领域成为可能”（杨国斌，2013）。

新媒体社会运动的参与者通过新媒体的联结性行动强化个人化传播行为，以更为灵活的方式建构自身（我）。尽管组织的控制或许更为松散，但以非物质性价值认同为基础的集体认同感仍然是新媒体社会运动中建构群体（我们）的文化内核。当然，参与者认知自身（我）、群体（我们）是一个持续而动态的过程，从历史的维度看，技术、文化、政治、经济等因素发挥着强度不一的制约作用。

3. 虚拟共同体的身份认同变迁

由于英文单词“identity”关系到哲学、人类学、社会学、心理学等多个学科领域，因此翻译成中文时分别有不同的表述。学术界在使用集体认同时，同样也会使用“身份认同”这一表述，以强调同一性与差异性、稳定性与流动性、单一性与多元性的辩证统一，避免因陷入绝对的本质主义或相对主义而过于片面。

参考斯图亚特·霍尔（Stuart Hall，2000）关于文化身份认同的两种思维方式的分析，笔者认为身份认同既是一种相对稳定的结构，同时又随历史发展不断重构。它是由两个同时发生作用的向量共同作用的：一个是相似性和连续性的向量，一个是差异性和断裂性的向量；一个指出我们过去的根基和连续，另一个则提醒我们，恰恰是那些断裂的经验塑造了“现在的”“真实的”我们。

因此，后续章节关于身份认同的阐述将在以下叙述框架中展开：所谓身份认同，即在特定的时空关系中，群体中的个体/集体对其成员身份和文化归属的认可和接纳态度，以及对应的行为方式。它是将复杂的文化结构（包括民族身份、价值规范、宗教信仰、风俗习惯、审美观念等）整合进个体经验的结果，是一种能够使自我获得归属感、安全感或平衡感的认知模式。（谢伯端，2003；段龙江，2006；Hamers & Blanc，1989；石义彬、熊慧、彭彪，2007）

如前文反复强调的，身份认同既有历史的传承，也有当下社会的印记，其中，民族是身份认同形成的重要来源。随着新媒体的发展和全球化的推进，身份认同经历了不断解构和重构的过程，出现了新的特征和趋势，民族国家作为认同核心来源的地位也受到了挑战。跨国主义浪潮虽然造成了民族国家的式微，却也推动了超越时空界限的、全球性的“跨国民族共同体”的形成。

“如果我们认为文化认同是一种象征性的结构而不是已经存在的需要描述的事物，我们将会理解在全球通信环境下认同的形成受媒体的高度影响，每天媒体建构着我们对其他人和自己的感觉。”（伊玛·图拜乐，2009）作为一种新兴的、替代性的文化身份认同的来源，大众媒介作为新的文化制度和机构对于身份认同的影响是空前的。作为一种信息来源，大众媒介为人们提供了一些重要的象征性材料，包括话语、形象、信仰、设想，而身份认同总是建立在这些材料之上，人们在此基础之上认知自我、他人和社会，并对行动产生影响；作为一种文化机构，大众媒介重新组织人们的生活，改变、破除或重建新的社会仪式和秩序。

随着新兴的数字传播技术日益打破原有的时空限制，原有的意义共同体不断解构和重组，同时，更广泛的意义共同体也在不断拓展和建构，使个体/集体的身份认同发生了明显的变化。

（1）身份认同的疆界被打破

借助新媒体技术的发展带来的信息的全球流动，身份认同的建构不再局限于面对面的互动，意义的建构空间得到放大，形成了不需要面对面交流、不苛求“共时”和“在场”就能感知彼此命运的公众网络。

（2）虚拟和现实交错

互联网为人们提供了一个虚拟的世界，这种虚拟空间使网络中的个体可以遇到他人、呈现自我，并进行不断的身份认同的交流、发展和探索。美国心理学家、社会学家雪莉·特克（Sherry Turkle，1995）认为，现代电子空间中的身份认同是基于传播建构的。她在《虚拟化身：网络时代的身份认同》（*Life on the Screen*：*Identity in the Age of the Internet*）一书中指出，网络已经成为人们进行自我构建和再构建的社会实验室，我们透过网络的虚拟世界进行自我塑造与自我创造。在这种虚拟空间中，人们已经习惯于用新的方式去看待身份认同，意义变得不再稳定；一切都打上了后现代的时代铭文，人们可以随心所欲地在互联网空间舞台上构筑自己浮动不定的身份能指。

> 在我的网络世界中，自我是多样的、流动的，由机器连接的互动所构成。……你可以成为你想成为的任何人。只要你希望，你可以全然重新定义你自己。你无须如此担心其他人为你安排的位置。他们不会看见你的肉体并且做出假设。他们听不到你的口音也不做任何预设。他们眼中所见的只有你的文字。（Turkle，1995）

（3）身份认同的混杂性日益显著

全球化时代文化的显著特点即是“混杂性”，“通过移民、媒体传播等方式所形成的文化的运动越多，那么，混杂便越普遍，直至我们拥有一个混杂的世界”（Friedman，2008）。全球通信技术的发展促进了信息、资本和人员的跨国流动，具有不同文化背景的人频繁出入于不同的文化群体，进一步加剧了文化的交流与冲突，这样的经历和体验会导致一种混杂性的身份认同的形成。

（4）去中心和多元化成为重要趋势

数字传播技术对个体的赋权造成了传播格局的剧烈变化，由传统的自上而下的“领唱”转变成群体的“合奏”，个体的声音得到了强调和包容，人们面临着多样化的文化选择，“个体可以同时拥有多重文化身份，或认同于不同维度、不同层面的观念和价值体系”（石义彬、熊慧、彭彪，2007）。此外，主体不再保持恒定统一的身份认同，而已经裂解为思想的碎片，“在不同时间获得不同身份，再也不以统一自我为中心了。我们包涵相互矛盾的身份认同，力量指向四面八方，因此我们的身份认同总是一个不断变动的过程”（Hall，1992）。

（5）文化身份认同的流动性极大增强

新媒体传播时代文化身份认同的混杂性、多元性决定了主体的文化身份处于动态的解构和重构之中。一方面，“网络模糊了成员和涉入者的边界，将社会的生产关系个体化了，而且导致了工作、空间和事件的结构性不稳定”（Castells，2006）；另一方面，消费主义的全球扩张使既有的文化不断地受到挑战和冲击，文化身份认同也就在这个过程中流转和变迁。

此外，也有一些学者聚焦于学习社区可能形成的公民认同（civic identity）。在这个意义上，学习社区之所以有价值，是因为它们能为学生提供一个空间，在这个空间里，学生能形成积极的参与认同，并共同完成有意义的任务。（Gee J. P.，2008）与学习社区类似，人们在各种虚拟共同体中一旦形成了彼此信任的情感，这个虚拟共同体就会维系一段相当长的时间，进而产生认同后的稳定性组织关系，这种流动性的结构性网络成为网络社会跨文化传播的路径。

第三章
少数民族数字原住民的数字化连接

1994 年中国首次接入互联网，我国的网络技术发展已走过 22 个年头。90 年代出生的青少年无疑是幸运的，他们伴随着中国的互联网技术一同成长，踏入社会生活的同时便能享有数字生活方式所带来的前所未有的便捷和资源。

《第 37 次中国互联网络发展状况统计报告》显示，学生群体、20 ~ 29 岁的年轻人是中国网民群体中人数占比最高的类别，分别达到 31.5% 和 25.2%，并且网民年龄正在趋向低龄化：2015 年新增的网民群体中，低龄（19 岁以下）群体达到 46.1%，即时通信类应用的使用程度，在 PC（个人电脑）和移动端都位居榜首。对于出生在网络世界的这一代人，网络就是他们的生活，数字化生存就是他们的生活方式。人们把这代人称为“数字原住民”（digital natives），用以区别在网络时代之前成长起来的、后天学习数字化生活的“数字移民”（digital immigrants）。

互联网对个人生活方式的影响不断深化，即时通信、网络搜索、网络新闻是目前使用频率最高、用户规模最大的互联网应用。（CNNIC，2016）企业不断创新数字技术与应用以满足和迎合数字原住民的需求，媒介研究者关注数字技术通过变革信息流通、人际互动以及资源共享而带来的数字化社会。人们对数字原住民寄予厚望，期待数字技术能够提高认知能力和信息素养。大多数研究对数字原住民的划分以出生年代为依据，即其成长的年代是否与数字技术发展的年代相统一。数字原住民的研究者们认为其与“数字移民”的差异在于，他们更倾向和习惯于屏幕阅读，强调更新速度，对信息的选择更为主动，擅长完成多任务，习惯利用信息技术来进行人际交往和获取信息。（曹培杰等，2012），数字原住民已告别传统的生活方式，走向数字化生存。

主流的媒介研究和受众研究集中在非少数民族地区，研究对象多为能够便利接近或持有数字设备的年轻群体，甚少关照到我国少数民族数字原住民的数字媒介使用行为与特征。少量关注到少数民族地区的民族学生的研究发现，网络已经成为少数民族地区学生信息接触和社会交往的首选媒介，但尚未被充分利用到学习活动中（王晓江，2009），也未能扩大少数民族学生对社会公共事件的参与（肖珺等，2015）；少数民族学生在新媒体上的自我呈现有明显强烈的民族特征，但新媒体对族际交往却起到限制作用而非交融作用（金玉萍等，2014）。

尽管出生年月符合年代要求、网络设备持有率高并且存在对新媒体的重度使用，但考虑到我国目前的媒介环境以汉语为主要语言，并且少数民族聚居地的网络资源基础设施与内地尚不平衡，不同民族文化可能导致的交流偏差，本书关注新疆少数民族数字原住民的新媒体使用行为：少数民族数字原住民对新媒体的使用呈现怎样的少数民族特征？他们是否为典型意义上的数字原住民？他们是否具备新媒体素养？新媒体技术怎样融入他们的数字化生活方式中？

一　数字原住民的网络连接

1. 数字原住民的概念

“数字原住民”，等同于“千禧一代”“数字土著”等表述，是指出生在数字网络环境下具有较高科技文化素养的群体，这一概念最早由教育游戏专家马克·普伦斯基（Marc Prensky）提出，他把出生于1980年及以后的一代称为“数字原住民”。他认为这一代人成长于富技术环境中，对于复杂的数字技术有更深刻的认知，也更能够胜任对技术的使用。目前对数字原住民的意义运用大多流于表面，作为日常口头用语存在，目前尚未有实证研究触及其本质，且概念描述不尽相同，但研究者们一致认同其与数字移民的显著差异，即数字原住民是伴随着数字化技术成长起来，从小开始并习惯于数字化生存方式，生活于计算机网络环境，主动探求知识和信息，擅长处理多重任务。而相对的数字移民则是指成长于网络时代之前的一代人，他们习惯于传统生活方式，被动接受和学习数字技术。（曹培杰等，2012）因此，学界多以出生时间和代际来划分数字原住民。以美国为代表的西方发达国家于20世纪80年代开始普及数字技术和应用，因此将1980年后出生的群体划定为数字原住民。而我国接入互联网始于1994年，因而以1994年为时间界限。（王文韬等，2015）

信息技术已经跨越了工具意义，成为社会情境融入数字原住民的数字化生存，主要体现在：①社会交往平台。新的信息交互方式打破了传统现实生活的人际藩篱，数字原住民习惯利用信息技术来与朋友互动和交往，他们的思维方式倾向于“社会化”。（曹培杰等，2012）②信息获取来源。数字原住民会主动地探求、找寻自己感兴趣的知识，无时无刻不在利用信息技术来交换信息。③学习工具。信息技术的互联特性能够为学生提供更为丰富的信息资源，使学生能从大量机械重复性的学习转变为更具挑战性和个性化的学习行为。据此，本书提出研究问题：探究少数民族学生如何使用新媒体来满足社交、获取信息和学习的需求，而新技术在这些行为中又扮演着怎样的角色。

2. 数字原住民的新媒体使用

单一地按照出生年代来划分数字原住民的方式受到了质疑，Prensky（2001）提出数字原住民处理、加工信息的方式特点：数字原住民习惯于通过网络信息技术迅速获得最新信息，同时处理多种任务，喜欢文本前呈现图表而不是相反，喜欢获得即时的反馈信息等；而数字移民则会保留传统的文本阅读方式，如把电子设备上的内容打印出来进行阅读和编辑。Helsper和Eynon（2010）认为除了性别、教育、经验和对技术使用的广泛性之外，用户在数字环境中的沉浸（人们在线活动的广泛度）应该是考量数字原住民行为的最重要的判断因素。Teo（2013）构建了DNAS（Digital Natives Assessment Scale）模型，选取四个指标作为对数字原住民的定义：①同技术发展一起成长（grow up with technology）；②善于多任务操作（comfortable with multitasking）；③依赖图像进行交流（reliant on graphics for communication）；④成长于即时的满足和奖励（thrive on instant gratifications and rewards）。根据Ke Zhien（2009）的研究，数字原住民在认知方式、学习动机上都和过去有差异，特点表现在：图像及操作性技能优先于其他学习技能，更多地注意并抓取显性的表层信息，可以在注意力分散的情况下同时处理不同的信息，能最快地激发大家获得相近的认知。曹培杰（2012）认为，“数字原住民是伴随着数字化技术成长起来的新一代学习者，数字化生存是他们从小就开始的，也是最习惯的生存方式。他们不仅对新技术的应用得心应手，而且，学习方式、认知特点也可能和上一代人迥然不同。在学习方面，数字原住民更喜欢探究式学习，在这种学习过程中探索并验证新观点，从而学会知识。”

综上，本书把西方视角下的典型“数字原住民”特征总结为：①出生于技术诞生时期，并与技术发展一同成长。西方国家接入互联网的时间多在20世纪80年代，因此以该时间段为划分数字原住民的界限；我国则以90年代为界限。②主动使用信息技术迅速获得最新信息。数字原住民获取信息的第一手段是互联网，喜欢从电子屏幕上阅读。③能够同时处理多任务。数字原住民的注意力较分散，能够同时处理不同的信息任务，如边做作业边进行娱乐。④喜欢获得即时的反馈信息。在学习过程中，数字原住民更倾向于非线性思考和探究式的学习方式，在学习过程中不断探索并更新知识；在信息交换的过程中，强调即时性和互动性。

3. 媒介环境与媒介素养

数字原住民所生活的环境也与之前大不相同。近十年来的学术研究欣喜地肯定了数字技术如何为数字原住民创造一个更美好的社会——新的传播技术促进了公共领域发展、世界和平、真实的民主参与以及教育公平，并且认为广泛而深入地使用新传播技术来促进以上公共事务是非常必要的。（Woodstock，2014）2011年6月皮尤研究中心的互联网与美国生活项目（Internet & American Life Project）研究报告与学术研究的结论不谋而合，他们声称社交网络“更加值得信任、能获取更多亲密朋友、达成更广阔的政治参与以及从朋友那里获得更多的帮助”。

显而易见，成为数字原住民的前提是能够便利地获得或拥有数字设备，成长于无处不在的信息技术环境中是其基本特征。数字原住民对新技术的接受和习得更加得心应手，习惯且善于利用信息技术获取信息、人际交往，并且将计算机与网络技术融入自己的生活方式，生活于比以往资源更为丰富、政治参与更加广泛、教育更为公平的社会环境。

但正如前文所述，数字鸿沟在西北少数民族的新媒体使用中仍然相对显著，数字原住民的新技术使用同样存在数字鸿沟。互联网技术的普及程度受到经济发展水平、对外开放程度以及通信技术引进水平的影响，各个国家、地区的信息化程度存在巨大差异，各地区的数字原住民的认知水平和数字化程度也存在一定差异。（曹培杰等，2012）

“数字原住民”的概念中隐藏着这样一种假设，由于其成长于信息技术环境，因此数字原住民对新技术的习得更为得心应手，习惯于且善于利用数字技术进行交往、获取信息、学习和处理任务，所以数字原住民在使用新媒体的过程中，相较于数字移民更具备新素养（new literacies），即数字素养（digital literacy）：数字原住民通过数字环境阅读与吸收信息的行为，远比传统阅读方式更为复杂，因此他们具备透过数字技术获取社会可供性（media affordance）的潜能，有效地搜寻、辨别和使用网络上的信息，以响应行动者所处的社会。（Leu，et al.，2005，转引自张煜麟，2012）具体到本书的研究对象——新疆大学新闻与传播学院的少数民族学生，培养与激发他们对新媒体技术的专业性使用素养更为迫切，即熟练地使用新媒体，进而嵌入内容生产与传播的全流程中，能够有意识地主动关注社会事件、从专业性的角度理性参与公共事件讨论，并最终形成具有建设性的社会行动。（肖珺，2015）基于上述的阐释，本书认为，数字原住民应具备这样的数字素养：能够有效搜寻、辨别和使用网络信息，熟练地使用新媒体，认识新媒体的内容生产和传播流程，并有意识地主动关注社会事件、采取具有建设性的社会行动。

二　少数民族数字原住民的连接行为

（一）少数民族数字原住民的新媒体使用

尽管使用同样的设备、同样的网络应用，少数民族学生因其地域、文化习俗、语言、经济水平等差异，其使用行为呈现相应的民族特点。

现有关于少数民族新媒体使用现状的研究仅仅对某一地区的群体进行宏观描述，鲜有具体分析少数民族数字原住民个体数字化生活方式的研究。国内关于少数民族新媒体使用需求的研究中，湘西少数民族地区，包括城镇与乡村，都以休闲娱乐为首（向清平，2012）；西北地区的少数民族使用社交媒体的主要目的首先是获取信息，其次是社会交往（苏慧，2015）；黔中地区的少数民族网民上网内容以娱乐消遣为主，如影视剧、音乐、游戏，上网需求则首先是获取新闻信息（陈丽芳等，2012）。网络在新疆民族地区是一种新兴媒介，网民的主要构成部分是青少年，因此娱乐需求是其使用网络的主要需求类型，尤其是在农村地区；其次是观看视频、获取新闻信息；学习知识的需求在城市地区相对较低，但在农村地区却更受欢迎。（马蓓，2014）针对新疆大学维吾尔族大学生媒介使用习惯的调查发现，网络已成为民族地区学生信息接触的首选媒介，对少数民族学生的社会化过程产生了明显的影响。（王晓江，2009）维吾尔族大学生对社交媒体有重度的使用行为，其中手机在媒体使用中占据主导地位。（金玉萍等，2014）民族学生开始使用新媒体的最大动机是社会影响，即“对我重要的人认为我应该使用”，最主要的是朋友和同学；其次是网络应用的网络外部性，即“越来越多的人开始使用”。首要的需求类型是休闲娱乐，其次是社交需求和获取信息的需求。（肖珺等，2015）尽管网络条件已相当便利，但维吾尔族学生对于网络资源的不合理利用导致他们在网络上浪费了过多的时间和精力。（布海丽且木，2014）

在社会交往层面，维吾尔族大学生对社交媒体有重度的使用行为，他们在进行自我呈现的过程中表达了强烈的民族特征，例如昵称、头像等符号具有民族特色，语言文字的使用中维吾尔语的频率更高，这些都显示了对民族身份的认同和归属。使用新媒体进行交往时，维吾尔族学生更倾向与本民族的人交往，族际区分特征明显，利用新媒体途径增强与其他民族认识、了解、交友的意愿相对较弱。（金玉萍等，2014）此外，民族学生表达了更为强烈的私密社交的需求，无论是公开的社会交往环境，如微博，还是封闭的社交环境，如微信，都表现出对陌生人的拒绝。（肖珺等，2015）

考虑到国内的媒介环境以汉语为主流，民族学生的汉语水平差异也会导致新媒体使用的差异，汉语水平较高的维吾尔族大学生使用汉语的频率和水平也较高，且浏览汉语的媒体内容也更为多元（金玉萍等，2014）；较弱的汉语水平会给民族学生使用新媒体造成一定的壁垒，因此一些学生会因为语言理解不便而拒绝使用微博（肖珺等，2015），或者会因语言而对传播内容产生理解偏差。如新疆地区的柯尔克孜族，由于汉语水平和文化水平较为落后，识字率较低，对媒介内容的阅读率和理解能力也相对较低。（杨婧，2008）相反，汉语水平较高的民族，如将汉语作为主要使用语言的回族，对传播内容的理解程度更高，对于不同传播内容的宽容程度也越高。（马蓓，2014）

此外，研究者们也注意到民族学生对使用新媒体进行学习的积极性不高且被动，尽管网络是民族学生的媒介使用首选，但并未充分运用到专业学习中（王晓江，2009）；对公共事务的关注程度和参与程度也相对较低。当新媒体出现对少数民族的负面消息时，有学者发现大部分学生会关注事件并进行反驳，主动维护民族形象（金玉萍等，2014）；但也有研究认为，民族学生会关注本民族新闻，却不会参与讨论而选择保持沉默，其原因在于担心因民族问题和宗教问题而带来的政治审查（肖珺等，2015）。

西北少数民族新媒体使用的数字鸿沟仍然相对显著，青年接触社交媒体是为了满足自己的娱乐需求和信息需求，甚少利用社交媒体传承和发扬民族文化，媒介素养亟待提高。他们的媒介素养缺乏一方面来自于对媒介基础知识和使用技能的缺乏，导致无法甄别、理解、辨析媒介信息，也无法通过社交媒体反馈和自由表达；另一方面受限于民族规范和传统思想的影响，对社交媒体忽视或抵制（苏慧，2015），宗教教义的约束也限制了少数民族用户的自由表达和公开讨论。农村和城市受众的数字鸿沟差异较大，媒介发展水平和媒介使用存在明显的结构差异，由于人均产出、受教育水平和科技投入等薄弱因素，农村地区相对落后。（马蓓，2014）此外，民族语言、网络基础设施资源不均衡和经济水平从技术的可接近层面制约了少数民族对新媒体技术的使用程度。（肖珺等，2015）但民族文化和宗教信仰也会抑制少数民族对新媒体的使用，如伊斯兰教会抵制内衣广告、报道猪肉问题的新闻等；媒介传播的内容也会反过来影响到少数民族的日常生活，如假羊肉流入火锅店的新闻使得回族受众拒绝在餐厅就餐。（马蓓，2014）

（二）少数民族数字原住民新媒体使用的影响因素

20 世纪 80 年代，计算机技术方兴未艾，信息技术革命不断为生产力增长创造出新的机遇，然而信息系统应用的突飞猛进却没有带来应有的经济快速增长。虽然企业在 IT 方面投入了大量的资源，然而从生产率的角度看，收效甚微。学者研究发现，信息系统的低使用率是“生产率悖论”现象的主要因素。只有被接受、使用以及持续使用，信息技术的价值才能显现出来。如何有效驾驭信息技术，使其被用户真正接受，引起了研究者们的兴趣。Davis (1986) 建构的 TAM 模型用于揭示用户对信息技术革命产品的接受和使用行为，提出了激励用户使用新技术的行为意向的两个决定性因素：一是，感知有用性（perceived usefulness，PU，原文指用户主观上认为某一特定系统所提升的工作绩效程度）；二是，感知易用性（perceived ease of use，PEOU，原文指用户主观上认为使用某一特定系统多付出的努力程度）。其基本观点认为：外部变量影响用户对某一技术系统的感知有用性和感知易用性，间接影响使用者的行为意向；感知有用性、感知易用性决定用户的行为意向，并最终决定用户的实际使用行为。后续研究不断验证和拓展 TAM 模型，进而发展到 TAM3（Venkatesh & Bala，2008）理论框架，并逐步将社交媒体纳入技术接受的研究对象。现在被广泛采纳的 TAM3 理论框架如图 3－1 所示：

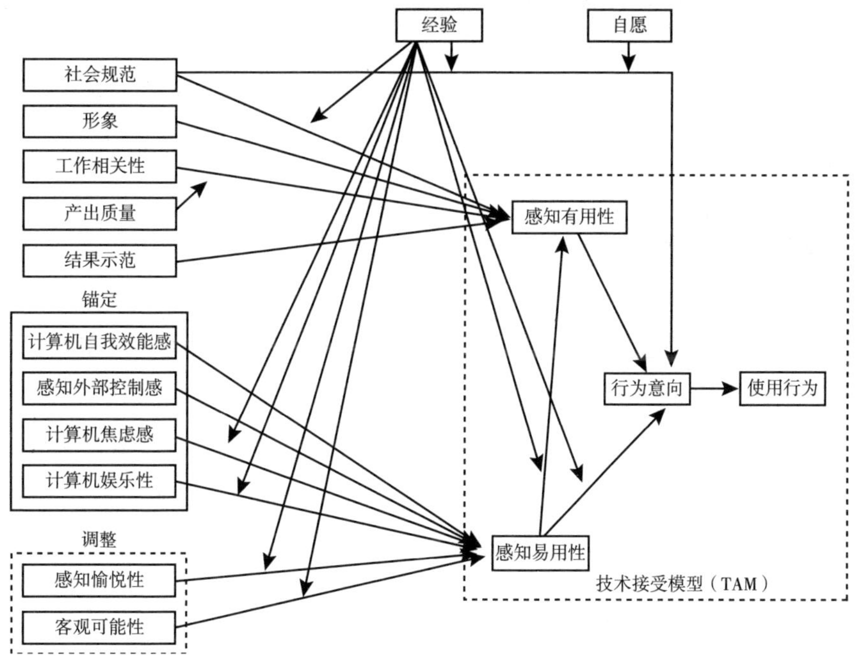

图 3－1 技术接受模型 3（TAM3）

在社交网站的接受和使用中，后续研究已经发现，对社交媒体的感知有用性和可信度的功利性取向是用户使用意图的重要决定因素，反过来，也是社交媒体实际使用行为的指标。（Rupak et al.，2014）本书以 TAM 模型为理论基础，结合研究设计，对关键概念的界定和使用如下。

感知有用性：少数民族学生使用数字新媒体进行专业学习和社会交往的过程中，对学习效果提升的程度；

感知易用性：少数民族学生主观认为使用数字新媒体进行专业学习和社会交往所付出的努力程度；

行为意向：少数民族学生对使用数字新媒体进行专业学习和社会交往的意愿；

使用行为：少数民族学生主动使用数字新媒体进行专业学习和社会交往；

社交需求：少数民族学生在使用数字新媒体进行专业学习时进行社会交往的需求。

TAM 在信息化合作学习中的实证研究（张豪锋、白雪，2008）发现，除了感知易用性和感知有用性外，绩效期望，即学生预期达到的目标、学校的网络条件、教师的影响力对接受和使用行为有积极的影响。另有研究提出，增加学习者对网络学习平台的使用态度，能够提升学习者对网络学习环境的使用意向，从而使学习者更加频繁使用网络学习平台。（王美玲，2012）使用 TAM 研究社交网络产品的接受和使用时，易用性往往成为对用户相对重要的决定因素，而社会影响对用户行为意向的影响高于感知有用性，即用户会受到周围朋友的影响而选择是否尝试新技术。

区别于之前研究，本研究样本具有少数民族的特殊性，包括民族特点、宗教信仰、地域环境等因素均有可能成为 TAM 模型中的新变量。有研究表明，网络对少数民族学生的社会化过程产生了明显的影响，社交和娱乐是学生使用网络的最频繁的行为，但他们并不主动在互联网中表达自己的看法与意见。（王晓江，2009）那么，少数民族的特殊性对新闻传播专业学生的数字新媒体接受和专业学习使用的影响效果如何？本书在研究中对下述概念进行了界定。

社会影响：对少数民族学生重要的人（同学、老师、家人）认为他们应该使用数字新媒体；

网络环境：少数民族学生使用电脑或移动终端上网的设备与网络环境；

绩效期望：少数民族学生希望通过使用数字新媒体进行专业学习和社会交往所获得的能力提升程度。

（三）少数民族数字原住民网络连接测量方法

1. 属性对比

尽管研究者们质疑以时间为界限作为数字原住民的标准，且对数字原住民的特征界定不尽相同，但都认为高度沉浸在数字环境和数字化生存方式是界定数字原住民的本质内涵。综合已有研究观点，本书将数字原住民的数字化生存方式归纳为四个维度：思维方式、学习风格、数字环境和数字素养。判断少数民族大学生是否是数字原住民，本书将从这四个维度进行分析。

综合西方视角下的数字原住民概念界定与少数民族新媒体使用的特征对比如表 3－1 所示：

表 3－1　数字原住民与少数民族大学生数字化生存属性对比

数字化生存属性	现有研究对数字原住民属性的界定	少数民族学生新媒体使用现状
思维方式	注意力分散（Zhien，2010；Carr，2010）	被动的，强调私密性的（肖珺和陈雨，2015） 受限于民族规范和传统思想，对网络媒体及传播内容忽视或抵制（马蓓，2014；苏慧，2015）
	同时处理多任务（Prensky，2001；Dede，2005；Bennett，2008）	
	满足于即时的奖励（Prensky，2001；Teo，2010）	
	主动的、社会化的（Tapscott，1999）	
	更富创造力和想象力（Shirky，2010，转引自曹培杰，2012）	
	反思等能力下降（Carr，2010，转引自曹培杰，2012）	
学习风格	非线性思考（Brown，2000；Dede，2005）	积极性不高且被动（王晓江，2009） 强调私密性（肖珺和陈雨，2015）
	探究式学习（Brown，2000）	
	协作学习（Brown，2000）	
数字环境	出生于技术诞生，成长于技术发展（（Prensky，2001）	手机和网络在维吾尔族大学生媒体使用中占据主导地位，新媒体使用已经融入维吾尔族大学生的日常生活中（金玉萍和王婧，2014） 汉语水平和文化水平较为落后，识字率较低，对媒介内容的阅读率和理解能力也相对较低（杨婧，2008）
	高度沉浸在数字环境中（Helsper & Eynon，2010）	
	拥有技术设备和丰富的网络资源（Yang，2001）	

续表

数字化生存属性	现有研究对数字原住民属性的界定	少数民族学生新媒体使用现状
数字素养	有效地搜寻、辨别和使用网络上的信息（Leu, et al. ,2005）	缺乏媒介基础知识和使用技能，导致无法甄别、理解、辨析媒介信息，也无法通过社交媒体反馈和自由表达（苏慧，2015） 对时事新闻关注度低，不参与新媒体上的公共事件讨论，成为“讨论缺席者”（肖珺和陈雨，2015）
	熟练地使用新媒体，有意识地主动关注社会事件，从专业性的角度理性参与公共事件讨论，并最终形成具有建设性的社会行动（肖珺，2015）	

2. 研究问题

前文探讨了新媒体超越工具意义而作为社会情境的存在，总结了中西方视角下现有研究的典型数字原住民属性与新疆少数民族大学生新媒体使用现状，意在探讨新疆少数民族大学生是否符合典型的数字原住民属性。由此提出本章的研究问题：

RQ1：新媒体如何融入新疆少数民族数字原住民的社会生活情景？

RQ2：新疆少数民族数字原住民的新媒体使用是否具有少数民族特性？

RQ3：新疆少数民族数字原住民的新媒体接受与使用受到哪些因素的影响？

RQ4：新疆少数民族数字原住民的思维方式是否符合典型的数字化生存属性？

RQ5：新疆少数民族数字原住民的学习风格是否符合典型的数字化生存属性？

RQ6：新疆少数民族数字原住民所处的数字环境是否符合典型的数字化生存属性？

RQ7：新疆少数民族数字原住民是否具备数字素养？

3. 研究方法

（1）数字原住民研究方法

A. 问卷调查

本书首先采用问卷调查法，用以获取样本的人口统计指标、新媒体基本使用情况与使用动机。问卷根据中国互联网络信息中心（CNNIC）《第37次中国互联网络发展状况统计报告》、相关研究的测量项（王晓江，2009；张豪锋等，2008；迟爽等，2013；Teo，2013）进行制定。本次问卷调查发放形式为现场纸质发放。发放 43 份，共回收有效问卷 43 份。

B. 深度访谈

用户对接受和使用新技术的反应十分复杂多元，研究他们的内在动因（intrinsic motivation）对解释行为意向和使用行为十分重要（Davis，1989），深度访谈能够补充问卷无法反映的用户意向性（intentionality）（张煜麟，2012），深入分析少数民族学生行动和结构的关联，探究少数民族学生新媒体使用的行动逻辑如何生成。通过与被调查者深入交谈，了解样本的现实生活方式，以及少数民族学生在新媒体使用行为中体现的特定习惯，本书采用深度访谈法探求少数民族学生的民族特点与新媒体使用行为的内在联系，观察媒介作为社会环境对民族学生个人的影响所在，解释影响民族学生新媒体使用的各变量间的内在联系。

研究者与 39 名样本（样本 2 -4、3 -6、3 -12、5 -4 因个人原因未参与深度访谈）进行一对一、时长约 30 分钟的深度访谈，合计约 900 分钟。本书将所有录音资料整理成文字，对文本进行内容分析。研究者与所有受访样本访谈后发现，少数民族学生对新媒体的使用习惯，以及民族特点、语言文化、地域因素、网络环境、内在心理动机等具有个体特性的因素对样本新媒体使用的影响已趋向重复，再无新的、重要的信息出现。这符合扎根理论中“理论饱和原则”的判断标准：针对某一类目或概念范畴，再也没有新的或有关资料出现；资料里的类目和范畴已发展得十分丰厚；类目和范畴之间的关系都能妥当建立并验证属实。（周翔，2014：315 -322）也就是说，39 名样本承担了本书访谈研究的典型性，能够穷尽少数民族学生对新媒体使用的行为特征以及其内在心理属性，即达到研究目标所要求的信息饱和程度。

（2）样本选择

本研究的样本抽取选择开放性抽样和差异性抽样相结合，选取新疆大学新闻与传播学院（以下简称“新大”）的 43 名少数民族学生为样本，样本涵括四种少数民族：维吾尔族、哈萨克族、蒙古族和回族。其中本科生 39 人，分别就读于本科民语班和汉语班；另有 4 名硕士二年级学生。

选择样本的原因是，大学生群体往往是新媒体的早期接触者，他们出生的年代与中国互联网诞生的时间相一致，并且作为新闻与传播专业的学生，对互联网的使用和理解更为深入。不同的民族类型能够扩展样本的差异性，从而提供尽量丰富的研究资料。

通过问卷调查了解样本的年龄、性别、年级、家庭月收入等情况如下。

本次样本全部为少数民族，男生 10 人（23.3%），女生 33 人（76.7%）；哈萨克族学生最多，19 人（44.2%），维吾尔族其次，16 人（37.2%），回族 5 人（11.6%），蒙古族 3 人（7%）。详细情况见表 3 - 2。

表 3 - 2　研究样本基本情况*

编号	民族	性别	家乡	宗教信仰	使用语言	所在班级
1 - 1	回族	女	新疆塔城	伊斯兰教	汉语	汉语班
1 - 2	维吾尔族	女	新疆喀什	伊斯兰教	汉语、维语	汉语班
1 - 3	蒙古族	女	新疆博乐	佛教	汉语、蒙语	汉语班
1 - 4	回族	女	新疆乌鲁木齐	无	汉语	汉语班
1 - 5	回族	女	新疆喀什	无	汉语	汉语班
1 - 6	回族	男	新疆乌鲁木齐	无	汉语	汉语班
1 - 7	维吾尔族	女	新疆伊犁	伊斯兰教	汉语、维语	汉语班
2 - 1	维吾尔族	女	新疆喀什	伊斯兰教	维语	民语班
2 - 2	维吾尔族	男	新疆吐鲁番	伊斯兰教	维语	民语班
2 - 3	维吾尔族	男	新疆昌吉	伊斯兰教	维语	民语班
2 - 4	维吾尔族	女	新疆巴洲	伊斯兰教	维语	民语班
2 - 5	哈萨克族	男	新疆伊宁	伊斯兰教	哈语	民语班
2 - 6	哈萨克族	男	新疆伊犁	伊斯兰教	哈语、汉语	民语班
2 - 7	维吾尔族	男	新疆泽普	伊斯兰教	维语	民语班
2 - 8	哈萨克族	男	新疆哈密	伊斯兰教	哈语	民语班
2 - 9	维吾尔族	男	新疆伊犁	伊斯兰教	维语	民语班
2 - 10	哈萨克族	男	新疆博乐	伊斯兰教	哈语、汉语	民语班
3 - 1	哈萨克族	女	新疆伊犁	伊斯兰教	哈语	民语班
3 - 2	哈萨克族	女	新疆塔城	伊斯兰教	哈语	民语班
3 - 3	哈萨克族	女	新疆阿勒泰	伊斯兰教	汉语	民语班
3 - 4	哈萨克族	女	新疆伊犁	伊斯兰教	哈语	民语班
3 - 5	哈萨克族	女	新疆伊犁	伊斯兰教	哈语	民语班
3 - 6	哈萨克族	女	新疆阿勒泰	伊斯兰教	哈语	民语班
3 - 7	哈萨克族	女	新疆阿勒泰	伊斯兰教	哈语	民语班

续表

编号	民族	性别	家乡	宗教信仰	使用语言	所在班级
3－8	哈萨克族	女	新疆伊犁	伊斯兰教	哈语	民语班
3－9	哈萨克族	女	新疆塔城	伊斯兰教	哈语	民语班
3－10	哈萨克族	女	新疆昌吉	伊斯兰教	哈语	民语班
3－11	哈萨克族	女	新疆阿勒泰	伊斯兰教	哈语	民语班
3－12	哈萨克族	女	新疆阿勒泰	伊斯兰教	哈语	民语班
3－13	哈萨克族	女	新疆阿勒泰	伊斯兰教	汉语、哈语	民语班
4－1	蒙古族	女	内蒙古通辽	佛教	蒙语、汉语	汉语班
4－2	蒙古族	女	内蒙古阿拉善	无	蒙语	汉语班
4－3	维吾尔族	女	新疆伊犁	伊斯兰教	汉语、维语	汉语班
4－4	维吾尔族	女	新疆喀什	伊斯兰教	汉语、维语	汉语班
4－5	维吾尔族	女	新疆乌鲁木齐	伊斯兰教	汉语、维语	汉语班
4－6	哈萨克族	女	新疆塔城	无	哈语、汉语	汉语班
4－7	维吾尔族	女	新疆阿克苏	无	维语、汉语	汉语班
4－8	维吾尔族	女	新疆哈密	伊斯兰教	维语、汉语	汉语班
4－9	哈萨克族	女	新疆伊犁	伊斯兰教	维语	民语班
5－1	维吾尔族	女	新疆乌鲁木齐	伊斯兰教	汉语、维语	硕士
5－2	维吾尔族	男	新疆乌鲁木齐	伊斯兰教	汉语、维语	硕士
5－3	回族	女	新疆石河子	伊斯兰教	汉语	硕士
5－4	维吾尔族	女	新疆乌鲁木齐	伊斯兰教	维语	硕士

* 样本编码方式按照入学年份顺序，如 1－1 指大一的 1 号样本，4－1 指大四 1 号样本，5－1 指研究生 1 号样本。因民语班需就读一年预科，因此民语班大一学生已入学两年，故 2－1 指民语班大一的 1 号样本，3－1 指民语班大二的 1 号样本。根据研究样本要求，本书在后期数据处理过程中，对样本提及的宗教、民族、政治等资料使用时需对他们的个人资料保密。故后文出现相关描述时，用样本 X、样本 Y、样本 Z 等来表示。

新疆大学新闻与传播学院本科班级设置分为民语班和汉语班，两种班级课程设置相同，但教师配置和教授方式有所差异。民语班是指少数民族教师用民族语言教授课程，学生的作业与考试使用民族语言作答。进入民语班的学生高考类型为民考民，通常在进入大学之前需要学习一年预科课程，主要包括汉语、维吾尔语、新疆历史文化以及思想政治类课程。汉语班是指教师用汉语授课，作业与考试使用汉语作答，进入汉语班的学生来自于民考汉、双语班的高考考生，可以直接进入新疆大学就读大学一年级，民语班的学生通过相关考试后亦可转入汉语班。高考类型见表 3－3。

表 3－3　新疆大学本科班级类型*

大学班级	考生来源	高考方式	汉语水平
汉语班	民考汉：少数民族汉语言考生	少数民族考生在高考时使用汉族考生同样的试卷	学生同时掌握汉语和民族语言，汉语基础较好
汉语班	双语班	语文使用少数民族语言文字考试，其他科目使用国家通用语言文字考试，英语成绩为参考分	汉语基础较"民考汉"稍弱
民语班	民考民：少数民族民语言考生报考民语言	符合条件的少数民族考生在高考时使用本民族语言的试卷	以民族语言为主，汉语水平较弱，需就读一年预科班

*资料来源：录音整理。通过新疆维吾尔自治区招生委员会办公室官方网站，http://www.xjzk.gov.cn/index.htm 资料核实。

样本分布于新疆大学本科四个年级和硕士二年级，其中 41 人（95.3%）出生于 1990 年及以后，总体年龄跨度为 18～27 岁，以 1992、1993 年出生（23、24 岁）人数最多。样本总体出生年份在 1994 年前后，即我国首次接入互联网的时间，因而可以认为所有样本符合数字原住民最广泛的界定——出生于互联网诞生的年代。

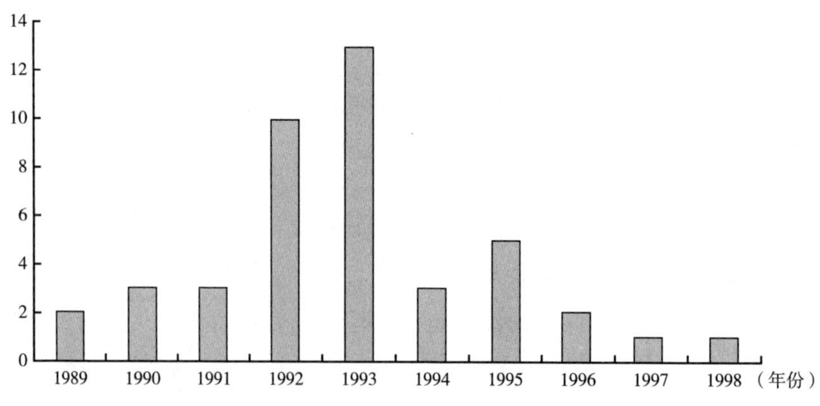

图 3－2　样本出生年份分布

（四）新媒体使用动机与需求：社交，娱乐，获取信息

本书选取了 CNNIC 相关报告所列举的国内使用频率较高的社交媒体来考察样本的接入情况以及使用动机。

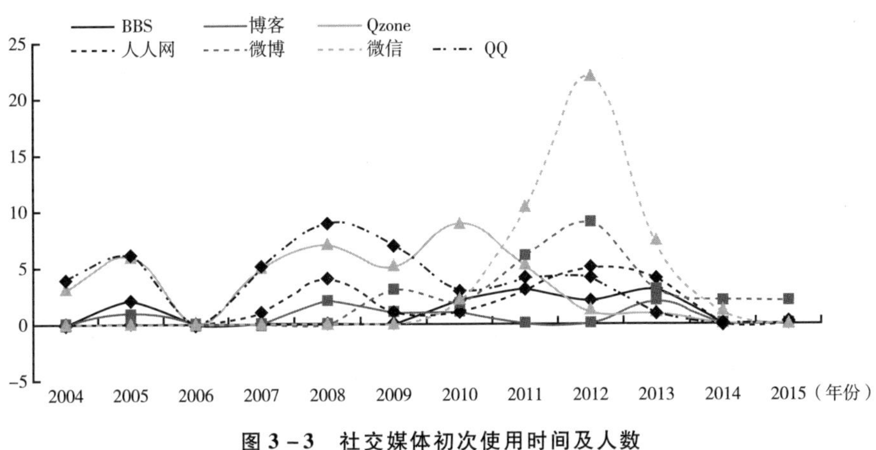

图 3-3　社交媒体初次使用时间及人数

在问及"怎样开始接触网络"时，所有样本均提到"最开始是用 QQ"。从图 3-3 可以看出，QQ 和 QQ 空间是样本最早使用的社交媒体应用，且发展趋势大体一致，因此 QQ 成为样本通向网络世界的第一扇大门。接下来，少数样本接触到 BBS 和博客，博客和人人网的注册人数在 2008 年出现第一个高峰期；个别样本在 2009 年微博诞生之初就开始使用微博。根据年份，2008～2009 年样本进入高中学习阶段，高中时期是样本接入社交网站的第一个集中点。微信和微博的使用人数从 2011 年开始激增，2012 年达到最高峰；2012 年微博使用人数出现第二波高峰，同年微信的接入人数高居第一，人人网亦有所增长。登录设备中，智能手机是最频繁使用社交网络的设备，其次是个人电脑。因此可以判断，样本在大学入学后开始利用智能手机广泛使用社交网络。

从使用频率看，样本对社交媒体的使用呈现明显的阶段性，每一阶段对社交媒体的需求和使用随着时间和应用市场的变化而变化。尽管 QQ 的初次使用时间较早，微信进入样本社交网络世界的时间最晚，但截至目前 QQ 的使用频率低于微信；微博的使用频率仅次于微信，人人网和 BBS 已逐渐退出社交应用舞台，博客已鲜有问津。

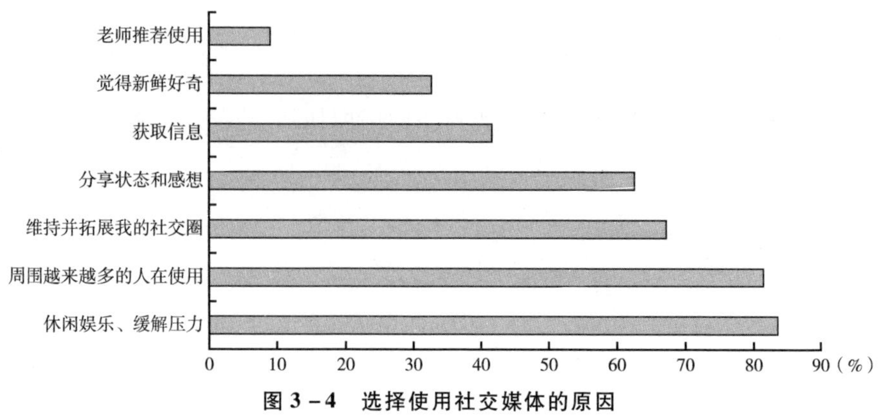

图 3－4　选择使用社交媒体的原因

样本选择社交媒体的使用与满足类型中，最主要的目的是休闲娱乐，此时社交媒体承担了娱乐工具的需求。

网络外部性对样本的选择也具有极大影响。网络外部性是指，社交媒体的自有价值是建立在他人对产品的同时使用中，如果没有他者的使用，社交媒体就是一个自有价值为零的无用之物。而协同价值的高低，仍然取决于使用者的人数和市场占有率。（张铭洪和杜云，2010）因此，越多人使用，社交媒体的协同价值越高，就会吸引更多人来使用。民族学生已经意识到，周围的人都在使用社交媒体，社交媒体成为一种社会环境，想要融入这种环境，自己也必须加入其中。

“获取信息”的需求，位于娱乐和社交需求之后，仅有不到半数的样本选择。所有样本都感知到了社交媒体的有用性，但在有用性的选择中，“获取与分享信息”所得值最高。这表明，样本并非受获取信息的需求驱动而使用社交媒体，但在使用过程中这一需求得到的满足程度最高。

表 3－4　社交媒体感知有用性

测量项	最小值	最大值	平均值	标准差
我认为新媒体是有用的	4	5	4.30	0.465
新媒体能让我与他人保持联系	2	5	4.26	0.727
新媒体能让我有效获取与分享信息	3	5	4.51	0.631
新媒体能让我休闲娱乐	3	5	4.12	0.662
新媒体能让我更方便地表达自己	2	5	3.98	0.859

根据社交媒体提供给少数民族学生的满足类型，这里将分别考察少数民族学生对新媒体技术各类属性的使用行为及解释因素，以及新媒体技术在少数民族数字原住民社会生活中融入的程度。

（五）少数民族原住民对新媒体的社交使用

1. 通往网络世界的第一扇门

截至《第 37 次中国互联网络发展状况统计报告》，即时通信是我国目前应用最广泛、使用人数最多的网络应用。如前文所述，QQ 是所有样本进入网络世界的第一扇大门，样本对网络世界的感知从使用 QQ 开始。

部分样本在寄宿制中学就读，为与家人联系而拥有手机。高中时期的手机多为非智能机，使用网络应用的功能有限，因此 QQ 成为使用最频繁的即时通信工具。“我从小学就开始一直住宿舍，高中以后就有手机，就可以用手机上网了，高三开始就去网吧上一下网。最先用的就是 QQ，用手机上空间，上大学之前就是随便看下电影玩下 QQ 这些，不会用其他的。习惯一上网就把 QQ 挂上，有人聊就聊没人聊就看看电影。”（样本 4－2）“从初中就在住校，用手机的话与家里人联系更方便一些，上课就偷偷聊 QQ，QQ 一天到晚都在线。”（样本 1－7）“高二的时候买的手机。但是那会儿就只能上 QQ，那会儿手机都是那样的，不是智能嘛。反正高中时候都在用。”（样本 4－1）“我也想用一用（QQ），和朋友聊天。我们高中的时候，老师们不让我们带手机，去网吧跟朋友聊天也方便。”（样本 3－8）“就是在刚上高一的时候，我有几个朋友，跟他们去一个网吧注册了一个 QQ，我问他们这是干什么的，他们就说，就是聊天工具，然后我慢慢地对它开始感兴趣了。”（样本 2－9）

随着使用经验的推进，样本对 QQ 的满足类型逐渐扩展到网络应用的各个层面，进入更丰富的网络世界。样本首先通过 QQ 接触到了社交网站，QQ 空间借着 QQ 的效应一同流行；QQ 号为样本进入游戏世界和虚拟社区提供了网络身份。“申请了 QQ 号，然后空间也是那个时候用的。上传照片什么东西的，都在 QQ 空间里，朋友经常评论。”（样本 2－10）“小学时候有 QQ 号，用来打游戏，地下城与勇士。然后我就自己开始加一些我自己想要的东西，超级 QQ 会员啊、蓝钻啊，这些。”（样本 2－9）“差不多高一的时候开始的（用 QQ），我是一个国产手机，课间时候跟朋友们传照片就用 QQ 空间。”（样本2－3）“QQ 空间现在用来传照片、写日记。”（样本 3－13）“QQ 空间一般就是写写自己最喜欢的话，然后就发个照片。”（样本 3－1）

2. 寻求私密社交的屏障

“QQ 已经过时了。”样本 4－4 的表述代表了年轻人对新鲜网络应用的追逐。他们跟随 QQ 的诞生进入网络世界，伴着技术的发展，使用经验进一步深入，逐渐适应利用信息技术进行社会交往，对新媒体作为社交平台提出了自己的需求。

在访谈过程中，所有样本都提到 QQ 的使用大幅度减少，转而更频繁地使用微信社交。除了单纯的发送信息，QQ 更多地用来实现其他较复杂的任务。“以前没有微信的时候我们都是玩的 QQ，现在基本上不玩 QQ 了，就是微信。”（样本 2－8）“平常聊天就用微信，送照片的时候可以用 QQ，QQ 可以存照片啊，空间里上传了就好了。微信用在私人社交上。”（样本 3－4）“微信比较好用，但是发文件和资料的时候我们都是用 QQ 传。”（样本 2－1）“现在不用 QQ 聊天了，看邮箱就用 QQ。”（样本 2－2）“很少用 QQ，我觉得比较麻烦，现在微信比较好。QQ 群里有通知我就点进去看，我觉得微信现在对我来说比较好。”（样本 2－3）

尽管 QQ 能够提供更加丰富的应用，微信在社交功能的设计上更为单纯和直接，对社交关系链的筛选更为严格和封闭，能够为私密社交提供保护屏障。样本对社交媒体的核心需求在于社交功能，并对社交的私密性表达了强烈的需求。因此在社交圈重叠的情况下，微信马上获得样本的青睐，成为更频繁的社交工具。“感觉微信更好一点，然后朋友圈简单一点，没有那么多，感觉 QQ 空间乱七八糟的东西特别多，但是朋友圈的话单纯只是你的朋友。”（样本 1－3）“我的微信上陌生人不多，只有两三个吧。”（样本 2－1）“我的微信就是用来聊天，一般跟朋友联系，微信上熟人多。不喜欢陌生人。”（样本 1－6）“我 QQ 都是高三、大一用的比较频繁。从去年开始玩微信，重点还是在微信上。微信上都是认识的人就平常聊一聊，我感觉微信都是很亲近的人吧。”（样本 4－2）“微信只加认识的人。”（样本 2－10）“现在微信比 QQ 更方便，

微信给我们带来了很多方便，跟别人交往很快。”（样本 3－1）

同样具有社交功能的微博，媒介形态更为公开，因此更多地被样本用来获取信息，而忽略其社会交往属性。“微博就是看别人的动态，看别人的比较多。平常我不怎么发状态。”（样本 4－2）“微博上聊？没有。”（样本 4－3）“刚上大学有的时候用微博，频率不高，就上去看下东西。”（样本 5－1）“基本上只是看，不怎么发。”（样本 5－2）“（微信上）讲话就是隐秘性比较好吧，毕竟我在微博上说话，好多人能看到。”（样本 1－9）“微博上任何人都可以关注我，觉得那样不太好。我感觉变得没有隐私。”（样本 4－7）

由此发现，样本对于社交媒体的便捷性和私密性非常注重，新媒体作为社交平台更多地承担了维护并巩固现有私人社交圈，而非扩展人脉。问卷调查的结果同样支持了上述结论，巩固现有社交圈的测量项均值最高，而较为公开的、弱连接的社交测量项均值较低且标准差较大。

3. 联结族际交往

对于新媒体是否促进族际交往的讨论，金玉萍（2014）认为维吾尔族的学生更倾向与本民族的人交往，利用新媒体途径增强与其他民族认识、了解、交友的意愿相对较弱，族际区分特征明显。在访谈中发现，族际交往的区隔影响更多来自于民族文化，来自于生长环境和社交习惯，而新媒体只是在一定程度上延续现实生活的社交习惯。“她都不知道很多那些东西，因为她是民考汉。学校不一样，她跟汉族学生一块。我们是自己民族班级上的。”（样本3－4）“环境不一样，思维也不一样。民考民的学生就有点排斥民考汉，把我们归为汉族一类。他们经常给我带来负面影响，所以我不太跟他们一起。都是哈族，民考汉玩在一起，民考民玩在一起。”（样本 4－6）“现在我们班就是有哈族跟维族，有的时候就合作不来。在想法上，他们吃饭接着回宿舍，我们去玩回来，他们就不愿意。个人性格。”（样本 3－7）

尽管样本注重社交的隐私性，社交圈以本民族同胞为主，主动增强族际交往的意愿较弱，但新媒体能够扩展民族学生的社交范围和关系来源，在族际交往中新媒体实际上起到联结的作用而非区隔。例如，不同民族的学生在现实生活或者游戏场景中建立联系后会交换社交网络，进而加强联系。“我上补习班有很多汉族朋友，一聊就聊开了，大家就互相加微信。”

（样本 1 - 6）“我玩的那个（游戏）区民族同胞很多，汉族同胞也很多，我跟他们玩，玩来玩去就了解，了解完之后就加微信。我有一个朋友他是海南的，他说海南那边风景很好。”（样本 2 - 3）“我们班里有一个维吾尔族同学，他跟我总是去网吧打游戏，然后他又推荐了一个汉族的同学给我，他是内地的，我们就一起打游戏。现在就是好朋友啦，我们有事就找他聊，有什么心事啊都可以聊。”（样本 2 - 8）“微信里大多数是本民族的，我现在有一个回族的同学，他是汉班的广播电视，我是民班的。上次我们学院举办了一个支援南疆小学的活动，我跟他在一起，我们互相加微信，聊的挺好的。”（样本 2 - 6）

民族学生也表达了主动结交不同民族好友的意愿。样本想要学习汉语、了解其他民族的文化时，会主动寻找不同民族的用户并建立联系。“微信上附近的人有好多陌生人，加了就聊聊，互相认识。也许会跟他们其中一个聊着聊着就玩成朋友。”（样本 2 - 6）“我在微信里面，都是哈萨克族，一般汉族也有，我跟他们说，我给你教哈语，你教我汉语，就这样，我们互相学习。”（样本 3 - 5）“因为我们的专业是新闻，应该了解别的民族的文化什么的。（跟他们聊天）有的是生活习惯，民族文化方面的。比如说维吾尔族来客人的时候怎么接待，男生和女生打招呼的时候，他们不握手，因为他们认为，不认识的女孩不可以和不认识的男孩（握手）。然后柯尔克孜族多的是食物方面的。”（样本 3 - 8）“我们没有学习汉语的环境嘛。有的时候我自己主动的（找好友）。学习汉语，多多交流。”（样本 3 - 5）

此外，微信的技术可供性使得多语言交流更加方便，民族学生能够使用不同语言的输入法，或在输入法不便的情况下使用语音交流。“打汉字方便，发朋友圈，我一般不发哈语，只用汉语发。”（样本 3 - 10）“打的时候就用汉语。更加方便，习惯了。发语音用哈语。”（样本 3 - 7）

游戏世界里所有民族都在使用同一种操作方式，遵循统一的游戏规则；社交平台的语言技术为不同民族的文字输出提供了多种选择。新媒体的技术可供性在一定程度上消解了语言、文化区隔，巩固了特定场景的社交关系的延续。对于有主动族际交往意愿的样本，新媒体提供了无限可能性。笔者认为，新媒体对族际交往起到了积极的联结作用。

（六）少数民族原住民对新媒体的信息获取

“如果没有互联网新闻，我就必须去看报纸了。”（样本 1－7）“好像固定的习惯一样一定要拿手机刷个微博才可以睡。”（样本 4－2）调查问卷显示，“获取和分享信息”是样本认为新媒体有用性最显著的功能。在访谈中，样本对严肃类新闻和娱乐类新闻表达了不同的态度和获取方式。

1. 积极获取休闲娱乐类信息

娱乐类新闻，更广义来说休闲娱乐类信息，是样本接受微博的一个重要原因。样本对于这一类信息的态度非常积极，获取行为也更加主动。“我一上微博，然后就发现，真的知道的东西会变多。像一些特别有哲理的话嘛，然后就觉得对自己特别有帮助，然后还有那些关于减肥的知识。”（样本1－9）“关注一些搞笑的名人明星。哦对，还有一些摄影类的我比较感兴趣。”（样本 4－2）“我在微博上关注的大部分是，差不多是明星吧，都是我喜欢的那些。”（样本 4－3）“微博关注身边的人、有名的人，平常很少看微博的媒体账号。”（样本 4－6）“（开始接触微博是）因为兴趣吧，我是一个动漫迷，还有绘画之类的，搞笑视频。平常就只在微博看动漫，不上 B 站。”（样本 2－5）“发现里面有好多明星的微博，然后一下子就关注了一两百个明星，唱歌的也有，电视剧的也有。”（样本 2－8）“微博里面可以关注一些明星什么的，自己找到一些拍摄方面的关注。”（样本 2－10）

2. 消极拒绝严肃新闻类信息

样本感知到新媒体对新闻传播的重要性。“我觉得网络可以影响到传统的媒体。网络对这种媒体什么方面都特别重要，整个舆论都会对社会影响特别大。”（样本 1－9）而样本对严肃类新闻的获取意愿出乎意料地消极，不会主动关注微信和微博上的新闻类账号，甚至不关心时事，对严肃新闻的知晓多来源于社会对重大事件的广泛讨论。“不看新闻。”（样本 3－5）“听别人说一下。”（样本 1－1）“每次他看新闻我都很烦，就说你换个台撒！特别大的（社会事件），四川汶川地震这样的，到处都有，电视上每一台都在放。除非发生特别大的事，死了（很多人）呀，不然我不会自己去看。娱乐新闻比较关注，谁跟谁结婚啦，谁跟谁离啦，都是喜欢的明星。还有中国好声音，每次都看。”（样本 1 –6）“不看，即使我获得新闻，除了电视，就是 QQ 新闻，就没了。”“不太想看（新闻），跟自己没什么关系。”（样本 1 –2）“不会看国家领导人怎么样，就只会看教师去偷拍女大学生洗澡什么的，我就喜欢看犯罪类，或者张柏芝、王菲。”（样本 1 –3）

严肃类新闻的获取方式仅仅来源于推送，而推送途径，却都是单一的腾讯新闻。“除了腾讯新闻，我也不太记得。一上去，它就会发送，弹出来，看到感兴趣的就进去。”（样本 1 –7）“腾讯每天发的那个。”（样本 3 –9）“一般最主要就是玩手机上的腾讯新闻，偶尔会在看电影的时候，电脑弹那个。微信出来的腾讯新闻那个我会看，感兴趣的会看，但每天都会看。微博上面推送新闻不会点开看。”（样本 4 –8）“手机腾讯新闻。QQ 或微信的推送。”（样本1 –9）“就微信上大多都是腾讯新闻嘛，就看那些。”（样本 2 –1）“没有关注过（新闻类账号），微信每天会推新闻，早上下午都有。”（样本 2 –3）“微信里面不是有一个腾讯新闻，那里面可以看头条新闻。”（样本 2 –6）“那种新闻它有时候会自己显示，就会点开看看。”（样本 1 –1）

虽然不关注时事新闻，但样本会非常关注家乡和民族新闻。“看新闻的话就是我们自己维吾尔族的有一个新闻网站，就是努尔，就是光的意思。”（样本 2 –9）“我们有一个网站，讲哈族新闻的，我们每天都会看。还有一个哈萨克斯坦的，主要是哈萨克斯坦和新疆的新闻。”（样本 3 –11）“我只会搜新疆的新闻，尤其我们家住喀什，南疆，又比较，也不是说比较乱，就事情比较多，然后爸妈又在那边，肯定也会特别关注一下。”（样本 1 –7）“我关注的主要是我们新疆电视台的平台，还有我们一个维吾尔平台，还有我们大学生平台，就是这些。”（样本 2 –1）“关注的新闻有维语的，不太看，只看家乡有什么变化。”（样本 4 –7）

3. 被动漠视负面消息

与金玉萍（2010）的研究发现不同的是，当新媒体出现对少数民族的负面消息时，这里的样本会感到气愤，但从不主动评论与反驳。“评论看了很生气，有些人在那骂人，我觉得特别气愤，我以后就只看报道不看评论。不懂就不要乱说，还是沉默比较好。我也没想过用微博改变人们的看法。是因为我怕表达不清楚，自己说错了会有更大的麻烦，如果其他人发我会很支持。”（样本 4－4）“没有（发表过评论）。我只会看看，不会去回他们的信息。”（样本 5－1）“很少发评论，有时候看到新疆的新闻特别生气，有时候字都在心里想好了，又觉得跟他们吵起来没意义就又憋回去了。”（样本 4－5）“因为那些事已经发生过了，我们只是说自己的想法，我们根本改变不了那些事的真实。我只看别人的评论，看看他们关于这个问题的想法，然后我自己想，然后跟同学们一起讨论。网上不会评论的。”（样本 2－1）

研究表明，样本对休闲娱乐类信息有非常积极的获取意愿和主动的搜寻行为，但对时事类的严肃新闻意愿消极，甚至不关心，获取方式非常单一地来自腾讯新闻推送。尽管样本对本民族和家乡信息保持关注，但在行为上仍然消极，从不主动参与新闻事件的讨论。

（七）少数民族原住民对新媒体的学习性使用

互联网获取信息的便利性使得样本在寻求学习资料的时候，首先想到的就是上网。问卷调查关于在学习中使用新媒体的测量项中，“获取学习资料”的平均值最高，标准差最小，说明样本已经广泛地采用网络进行学习。

表 3－5　学习中使用新媒体的情况

测量项	最小值	最大值	平均值	标准差
我和同学进行了学习上的交流	2	5	3.58	0.763
我和老师进行了学习上的沟通	1	5	3.47	0.844
我获取了跟学习相关的资料	3	5	4.05	0.722
我展示了学习成果	1	5	3.35	0.923

但在访谈过程中研究者同样发现，学习资料的来源非常单一，主要依赖百度。如果说 QQ 是样本进入网络世界的大门，那么百度则成为网络世界的代言人。在样本的表述中，百度成为所有网页的入口和代表，上网即是上百度，搜资料亦是上百度。样本对信息来源并不关心，若百度搜索不到想要的信息，直接放弃其他搜索方法的尝试。“老师给我们的作业比较难，我们去百度上查。百度也不是都有的，也有找不到的，找不到我们就自己写。”（样本 3－1）“老师跟我们说，就是一个建议，他说是那个电影非常好，就

去百度。看电影的网站就是百度。老师给我们讲哪个话题，然后我们就去百度搜索。”（样本3－5）“研究者：学习资料在哪里找的还记得吗？样本3－7：百度。”“研究者：拍短片的时候，你们的素材是怎么收集的呢？就是去哪里找素材？样本3－4：一般在百度。”“也是看别人在用，就知道了百度方便，就开始用了。”（样本3－13）“一般上网就是看电影，百度。”（样本4－8）“查一些资料，抄一下。老师有时候课堂上一些特别专业的名词，就用手机快速查百度。”（样本4－1）“我们出去拍照，回来以后老师给我们讲，哪里拍的不好，给我们建议，然后我再在网上找一些照片怎么拍的。我就直接百度。”（样本2－3）“用关键词，搜索的结果一般特别多，我就看第一个。不看是来自哪个网站的。如果找不到的话，那我就不找了，就不会换关键词，我想就算了。”（样本1－9）“百度搜，看第一个。不看是哪里的消息，就只看排名第一的。”（样本1－7）同时，也认为百度是信息的来源和发布者，样本并未真正意识到百度作为搜索引擎的作用是呈现来源于不同地址的搜索结果，而将百度作为信息的发布者和拥有者。“老师说上网找一找我们就上百度呀。他（网友）写东西发表在百度上，我把它从百度上下载，又把它发表出来，好像不尊重别人的劳动一样。”（样本2－1）“微博上评论多可以让我有一些见解，微博上评论很直接，不像百度上（的评论）拐弯抹角。”（样本4－4）

仅有两名样本提到了会有指向性地寻找学习资料，“（写新闻评论时）自己思维受局限，所以会上微博看看别人怎么说。”（样本4－5）“找资料去知网。”（样本5－3）

研究发现，样本已经接受数字化的学习方式，他们获取学习资料的首选渠道是网络，但并未掌握有效、科学的搜索方式，也没有精通利用数字技术帮助学习的能力：单纯依靠搜索引擎而不是从垂直网站获取不同类别的信息；简单使用关键词搜索，并未尝试高级搜索；信任搜索结果却不辨别信息来源。因此，笔者认为样本未能利用数字媒体有效地提升学习能力。

（八）小结

本节分析了新媒体作为社会环境在少数民族原住民社会生活中的融入程

度。我们发现，社交新媒体是样本进入数字化世界的入口，成为一种社交方式。样本使用新媒体的首要需求是社会交往，但在使用过程中新的需求类型在不断探索和发展：①注重社交的便捷性和私密性，因此样本会从成熟的QQ用户变为忠实的微信用户；②获取信息的需求获得了最大的满足，样本习惯于阅读社交媒体推送的新闻信息；③新媒体打破了时空隔阂，媒介形态和媒介内容为族际交往消解了现实社会规则的界限，在一定程度上消除了族际区隔，有利于少数民族原住民的族际交往。

新媒体已经成为样本主要的信息获取来源，获取信息这一需求也成为样本接受和使用微博的动机。但样本对不同类型的信息有明显差异化的偏好：样本更加偏好休闲娱乐类信息；虽然主动关注民族和家乡新闻，但对严肃类的时事新闻获取意愿消极，不甚关心，遇到使人愤怒的信息也消极回应或拒绝讨论。行为上也有一定差异：对休闲娱乐类信息主动搜寻并关注，严肃类新闻仅从周围人际传播获得，或单一被动地接受腾讯新闻推送。

新媒体作为学习工具已被样本广泛接受，但并未被广泛且有效地利用，仅作为学习资料的获取工具，忽视了基于新媒体的学习交流和互动。新媒体成为学习资料的主要来源之一，然而获取方式却单一地源于搜索引擎——百度。样本不会主动辨析资料来源与可信度，也不了解专业的内容网站和学术网站。

三　连接与公民社会的讨论缺席

上一节讨论了新媒体融入少数民族数字原住民的方式：作为社交平台，作为信息来源和作为学习工具。可以看出，样本已经与网络社会建立连接，沉浸于数字世界。而这种连接是否让他们对数字化生活产生认同，并信任网络社会呢？在建立连接的过程中，他们是否具备了数字化生存属性？他们是否承担起作为网络社会公民的社会责任，且具备作为新闻与传播专业学生的专业素养？根据现有研究对数字原住民的概念界定和属性描述，下文将从思维方式、学习风格、数字环境和数字素养这四个维度探讨样本的数字化属性。

（一）数字思维方式：注意力消耗，不信任

1. 海量信息推送：难以集中的注意力

出生在信息技术环境中的数字原住民，获取信息不再像以往需要花费过多的时间和精力，因为信息无时无刻不在包围着他们的生活。与信息匮乏、单向传播渠道的时代相比，现代社会中信息的呈现和处理场景从固定场所扩展为室内外的各个空间，数字原住民成长在被信息包围、获取信息随手拈来的生活情景中，处理信息的方式也从以往的集中注意力完成单项任务转变为分散注意力同时处理多重任务。多屏传播和阅读（张红玲，2014）、跨屏消费信息已经成为流行的生活方式（陈晓韬，2014）。

这里的研究对象就生活在这样的情境中：海量信息主动地推送到样本的面前，并且无处不在。“我觉得新闻可能已经脱离了一种，就是字面、纸质版的那种东西了。因为可能是在信息化的时代，信息爆炸。我们新闻的传播通过微博、论坛各种（新媒体），而且新闻在第一时间发生的时候也不可能通过报纸去登出来，就是微博，或者是微信（发布）。（关注的）微博新闻资讯应该两百多个吧。就平时我看手机的时间，我觉得比看电视的时间还多。”（样本 4－3）“我在高考的时候，关注了那个‘我要高考’公众号，关注以后每天给我推送一些关于考试的信息。我在微信里加公众号，那个网站的公众号，每天给我们发。”（样本 2－9）“一打开百度就有（新闻），特别大的事情。”（样本3－1）“（微博）每天都会有新闻出来更新。手机网都是开的，声音也是开的，每时每刻都可能会看见。”（样本 1－9）

以往研究认为数字原住民在这种情境下能够将注意力分散，从而实现多重任务同时处理。但笔者在访谈中发现，样本的注意力的确呈分散状态，但他们认为过多的信息推送不利于注意力的保持，注意力分散会给生活和学习造成困扰。“我觉得，每天都看不过来。”（样本 4－3）“样本 4－8：他们（朋友）发的微博特别多。研究者：给你造成了干扰吗？样本 4－8：对，我觉得他们动不动就发微博。”“我感觉每天都发我很烦。打扰我。它每天都发，我就特别烦。不喜欢它每天都发给我。”（样本 1－8）“每天都去刷那个朋友圈看更新了没有，就特别强迫症一样的。”（样本 4－1）“睡得越来

越晚了。还有啊，就是上课觉得很无聊，也会想要刷一下微博，我要是这方面不是很热衷，我就会听课不会老想着刷微博。”（样本4－2）“每天大家都发琐碎的事情我觉得很无聊。我一开始玩微信的时候特别久，好像是因为我内心太空虚了觉得没有事情做，想让大家知道我还在这个世界上活着才发动态。”（样本4－6）

注意力分散会增加时间成本和风险，且难以集中精力处理任务，样本并未习惯将注意力分散开以更高效率地处理多重任务，因此会采取主动拒绝新媒体的行为来保持注意力的集中，将任务分开处理。“微信上如果一个人发动态超过三四条我就会屏蔽，觉得没营养。我觉得一周发几次就很好了。”（样本4－6）“不停刷刷刷，上大四我自控力不是特别强，所以我在手机上删掉了（微博客户端），以往最疯狂的时候就不停刷。现在都不怎么碰手机了，觉得除了手机还有好多其他的事情可以做，看看书什么的。”（样本4－5）“每天都来那种，我觉得很烦，我又不看，就取消关注了。（微博）一开就好多东西，就不想看了。看完的耐心是没有的，看久了眼睛酸酸的就算了，不想看了。信息量太大，累。我玩节奏大师，（信息）蹦出来就很烦人，关掉了。”（样本1－6）“腾讯每天会推送新闻，一来我马上就删掉。”（样本1－5）“我花在网络上的时间太多了，而现实中的很多事情给耽误下来了。就有些事很有意思，我觉得我根本停不下来，然后完了就是有点后悔。希望今后改一下，以后不要太沉迷于网络。”（样本4－2）从样本的表述中可以发现，注意力不仅仅被分散，更被消耗掉了，这部分消耗掉的注意力被样本认为是无意义的。样本出现了网络沉溺的状态，并且感知到了生理上的伤害，以及对个人正常学习、生活的扰乱。

这表明，调查的样本的确如数字原住民一样注意力较为分散，但这种分散不是与技术发展同步的，而是在拥有数字技术设备后被新媒体的技术形态强迫造成的。样本显然不善于合理分配注意力，注意力的损耗使他们难以同时处理多重任务，并给他们的生活、学习造成困扰，因此部分样本会主动离开新媒体以获得更为集中的精力。

2. 新媒体传播内容的传统处理方式

如前文所述，数字原住民身处快速、海量的信息环境中，因此对信息的处理和对互动的反馈更强调满足于即时的奖励。（Prensky，2001）新媒体技术的社会可供性鼓励探索和开拓，因而数字原住民比数字移民更富创造力和想象力。（Shirky，2010）研究者在访谈中强调了新媒体的自媒体属性，即“拥有被数字技术赋予信息传播的个人力量，并能直接参与到真相的传播、新闻制作和信息分享的全过程中”（肖珺，2015）。但研究发现，样本对即时信息的反馈效果并不信任，对新媒体的自媒体属性缺乏创造力和想象力，认为文字在互联网中的力量微不足道，而更相信传统媒体的权威性。此外，样本也不信任受众在网络传播中角色的转变，认为互联网依旧存在门槛，对互联网的社会可供性缺乏想象和探索。“样本 1－7：我觉得微博是给那种比较成功的人，我觉得是。研究者：不会啊，我们都用。样本 1－7：你（研究者 1）也是成功人士，你（研究者 2）也是成功人士。”“有时候看到新疆的新闻特别生气，有时候字都在心里想好了，又觉得跟他们吵起来没意义就又憋回去了。”（样本 4－5）“因为那些事已经发生过了，跟我们评不评论（没有关系），我们只是说自己的想法，我们根本改变不了那些事的真实。很想告诉他们真实，但是无论我怎么说，他们没看见过。所以我跟他们怎么说，他们都是不了解我们新疆的人，如果了解我们新疆的人都不会这么说的。所以我跟他们评论之后，给他们意见时的帮助也不太多吧。太多人在网上已经发表文章了，他们说的这些别人看了都改变不了，我说也是一样的结果。”（样本 2－1）

一些样本质疑网络信息的真实性，当产生怀疑和不信任时，并未利用信息技术查证求实，会选择转向传统媒体。“互联网上有一些是虚伪的，有一些真实的情况在互联网上是没有的。”（样本 2－1）“新闻和报纸上书面表达比较正规，网络上比较随意。”（样本 1－8）“微博（的新闻）快，很及时，但不全面。就那一小点字儿，只能在时间上快一点，但是真的不全面。在报纸上看到完整的事情会觉得微博上太片面了。”（样本 4－4）获取严肃新闻的方式仍然依靠传统媒体。“看电视，央视新闻。网上一般找的少。”（样本 1－8）“样本 1－9：一般看那种记者，去国外的那种记者，我觉得他们好厉害，尤其是当那种战地记者，我就觉得他们真的太厉害了！研究者：你是在网络上了解到一些战地记者情况吗？样本 1－9：没有，我就看电视

上的新闻。”“看着电视上那些记者他们特别有那种正义感，就电视上揭露那些丑闻啊那些什么的。”（样本4－1）

卡尔（Carr，2010）担心数字原住民的反思能力在信息技术环境下有所下降，但综观前文所述，笔者认为，样本对即时信息的不信任和对传统思维方式的延续反映出样本对互联网的反思，他们对新媒体传播效果和传播内容的批判性思考有助于保持自身思考的独立性，避免盲目从众和误信。

塔普斯科特（Tapscott，1999）认为数字原住民对信息的处理方式是主动的、社会化的，然而正如前文所述，样本仅在获取休闲娱乐类信息时采取主动策略，对严肃类新闻则是被动地接受推送，甚至拒绝。此外，调查发现样本对信息处理的思维方式也是个人化多过社会化。“我不太喜欢在很多人面前，我喜欢静静的。”（样本1－3）“我不会评论，我只看，然后我自己想一想。”（样本2－1）“我一般比较喜欢看别人说出看法，我有自己的想法，但是我不会写出来。不会评论，但是自己会想。”（样本1－8）“学习上的事就自己学自己的，为什么要讨论呢？”（样本4－1）“只在心里想，我不太会评论，平时看到我朋友发朋友圈也很少评论。”（样本4－8）

3. 小结

本节探讨了少数民族数字原住民在信息技术环境下的思维方式，包括注意力分配方式和任务处理方式，对传播内容的认知和反馈方式。研究发现，新媒体的技术形态强迫分散了样本的注意力，对他们造成精力的损耗和打扰，而样本并不擅长合理分配注意力来处理多重任务，因而会主动离开新媒体以集中注意力完成单项任务。

此外，样本对即时信息的传播效果和新媒体的社会可供性并不信任，怀疑网络信息的真实性，缺乏对自媒体的创造力和想象力，依旧信任传统媒体。对新媒体传播内容的处理和反馈更偏向个人化，甚少将自己置于社会化的情境中。但另一方面，样本的保守与个人化有助于他们保持对新媒体传播效果和传播内容的批判性反思，而这一认知能力的缺失正是学者们对数字原住民的担忧。

（二）学习风格：个人化，课堂传授式

数字化生存方式改变着学习者的学习方式，数字原住民被认为具有更强

更快的学习能力。在学习风格上，数字原住民更喜欢探究式，即自我学习、自我更新的方式，在学习的过程中探索新知识并验证，从而进行知识更新。现有研究认为数字原住民的学习风格倾向于非线性思考（Brown，2000；Dede，2005），探究式学习和协作学习（Brown，2000）。下文将探讨研究对象的学习习惯和学习风格。

少部分样本能够学会探索式学习，主动寻找学习资料进行自我提升。“研究者：你在微博上会关注跟摄影相关的账号吗？样本2－10：关注。自己找到的。”“我在那个微信搜索公众号的地方，自己输入的，高考，然后好多个公众号出来。”（样本2－9）“（视频网站）就是我们自己找的，还有那个微信上有很多平台。”（样本3－7）但大多数样本对学习资料获取渠道的知晓依赖他人的推荐。“我微信关注的公共账号不多。一个是我们内蒙的一些新闻。还有一个就是新华社的，什么双语之类的，那个是老师推荐的。”（样本4－2）“研究者：你们在微信上关注的那些跟摄影相关的账号是怎么找到的呢？样本2－7：别人推荐的。”“研究者：你们微信订阅的平台是怎么找到他们的？样本3－4：朋友们那。”“研究者：那你的人民网哈文版是在哪里找到的？样本3－7：别人推荐的。”“研究者：那微信你怎么找到他们（指专业人士）呢？样本2－3：别人推荐的，找那些认识他们的那些人。”“有些是老乡，有些是学姐学长给我们推荐的微信号。”（样本3－10）

同时，本书发现样本的学习风格仍旧延续传统的教师教授、课堂教授的方式，样本在专业学习中遇到较为复杂的问题会倾向于寻求教师的指导，也更信任书和教材。部分样本的学习资料获取还是倾向于首先寻求纸质资料，在图书和报纸无法满足学习需求时才转向新媒体。“听不懂的地方就可以看书，还有可以问老师。”（样本2－1）“我们老师会让我们去看报纸，去学校图书馆看这个看那个报纸。”（样本4－3）“自己看书的时候比较多，思维受局限。”（样本4－5）“找不到就买报纸或者百度上查最近的新闻。”（样本4－7）“研究者：老师布置一份作业，布置完后你会去看书吗？样本2－1：看书，还有一些内容网上找。找不到的话问老师问同学们。我们手里还有书嘛，听不懂的地方就可以看书，还有可以问老师。”“研究者：听不懂的时候你们怎么办呀？样本2－5：只能看书了。”新疆大学新闻与传播学院开设的

“网络传播”课程教学方式以联系实际的实践为主，脱离教材，这引起了部分样本的不满。“说实话，我上那节课（网络传播）之后，我觉得我什么都没学到，老师东扯一下西扯一下这样子，然后没有完全地把那个书给我们解释清楚吧。”（样本 4 –3）

但在讨论学习问题，或遇到较为复杂的专业问题，样本还是倾向于电话、面对面与老师沟通。“我就问老师，‘老师我这些东西不懂’，然后老师就跟我介绍，然后就打电话。”（样本 3 –1）“如果是工作的事，大家会打电话。”（样本 3 –7）“专业的东西在微信上讲不好，面对面（讲）比较好。”（样本2 –3）“就在宿舍面对面讨论。”（样本4 –2）“（遇到不懂的）微信上不会（问），在教室或机房，老师在就会问，就给我们讲。”（样本 3 –4）

调查的样本在课堂学习上的协作风格并不突出，小组任务通常是由教师指定，并且没有具体的分工，与同学的合作多发生在需要共享资源的场景下。“摄影技术课。我们 6 个人一组用一个相机，没有分工，我们自己去拍照。”（样本 2 –7）“（小组成员）是老师分配。”（样本 2 –5）“那个相机就是我们学校安排给我们的，我们几个人一组。”（样本 2 –6）“学习委员分组的时候就是这样的。有时候按学号分，上面四个，后面八个。”（样本 2 –10）“研究者：你们有一起合作拍电影的时候吗？样本 3 –7：不会。研究者：都是自己拍吗？样本 3 –7：对。”“拍摄微电影的时候（和维族同学）一起做。因为我们自己没有电脑，而且没有摄像机，所以需要他们的帮助。”（样本 3 –5）“样本 3 –7：一般是和我们合作不来，我们写的剧本他们不喜欢。研究者：他们是指汉族学生吗？还是维族学生？样本 3 –7：所有的。因为他们对于我们写的剧本，他们不太了解，戏剧方面的，他们写的，我们不太了解，后面我们就直接给老师看。研究者：那确定剧本之后，所有的民族学生就可以一起去完成了是吗？样本 3 –7：自己做。”小组成员也多为同民族的同学。“我们分组的时候，我们全是哈萨克族的。”（样本 2 –10）“现在我们班就是有哈族跟维族，有的时候就合作不来。”（样本 3 –7）

样本与同学的学习互动主要集中在课堂场景中，课余时间与同学交流学习的情景较少。“除了群里面，其他的时候很少（讨论学习）。”（样本 2 –10）“上课的时候讨论，没有要我们自己去讨论。就上课的时候。”（样本

5－2）“学习上的事就自己学自己的，为什么要讨论呢?”（样本4－1）

但是样本在语言学习的过程中表达了强烈的协作性和主动性。样本会在社交媒体上主动寻找好友来提高语言水平。“有的时候我自己主动的（结交陌生人）。学习汉语，多多交流。”（样本3－1）“跟外国人社交。学俄语的时候比较方便。”（样本3－7）“我就跟她（汉族同学）说，如果哈萨克语不知道的地方就问我，我们来互相学习。她不懂的地方，就找过来问我，我在哈语方面，因为她们的英语比我好得多，然后我在汉语、英语方面不知道的地方的话，就问她，互相学习。我现在开始学英语，我的英语老师，我加上英语老师的微信，不懂的地方就在微信上问他。”（样本3－8）“我的微信里面，都是哈萨克族，一般汉族也有，我跟他们说，他说你给我教哈语，我教你汉语，就这样，我们互相学习。”（样本3－5）“我刚开始加的是一个汉族人，是内地的，我就跟她聊，就感觉我可以提升我的汉语。”（样本2－5）

综上，本研究勾勒出少数民族数字原住民的学习风格：①大多数样本对学习资料的获取渠道的知晓依赖他人的推荐，较为被动；资料来源更信任传统的纸质阅读方式。②学习遇到困难时更多地倾向寻求教师的帮助，与同学的交流互动集中在课堂场景，课余时间很少发生。③小组任务通常是由教师指定，并且没有具体的分工，鲜有主动合作的情景。与同学的合作多发生在需要共享资源的情况下。挑选小组成员时更愿意与本族同学一起合作。④语言学习时体现强烈的主动性和协作性。

综上，少数民族数字原住民的学习风格仍然较为传统，尚未学会主动利用新媒体进行探索式学习，强调个人化而非社会化协作。

（三）数字环境和数字资源：高度沉溺，低效利用

尽管对数字原住民的属性界定存在争论，但研究者们普遍认为，高度沉浸于数字环境、拥有技术设备和丰富的网络资源是数字化生存方式的前提条件。

如前文所述，这里的样本广泛进入网络社会始于大学期间，滞后于我国技术发展，但他们在数字环境里的参与程度已经非常深入，已经成为生活习

惯：手机几乎时刻不离身。“时时刻刻感觉都在刷。去掉睡觉的八个小时，几乎是（在刷手机）吧。”（样本1－3）“因为手机网都是开的，声音也是开的，无时无刻可能都会看见。”（样本1－9）“好像固定的习惯一样一定要拿手机刷个微博才可以睡。”（样本4－2）“以往最疯狂的时候就不停刷。”（样本4－5）“研究者：假如有一天智能手机不能上网，不能跟她们刷微博刷朋友圈聊天，你会觉得对你来说是很不适应的事情吗？样本1－1：没有，一天还可以。研究者：多久不能接受呢？样本1－1：超过一天就不行。”“网络对我的影响很大。像我家里面的信号就特别差，而且有段时间是断WiFi了，我就不习惯，然后后面那段时间，在朋友圈子里面，我就消失了一段时间。”（样本1－9）“刚开始用就是比较频繁嘛，习惯性一上网就把QQ挂上。”（样本4－2）

然而样本对网络资源的利用效率并不高，利用新媒体提升学习技能的效果也不明显。（肖珺和陈雨，2015）前文发现样本会广泛利用新媒体寻找学习资料，但从广度上看，渠道单一，样本最多使用的是搜索引擎，尚未学会利用图书馆电子数据库资源；查找垂直内容如电影、摄影、新闻等资源也通过搜索引擎，而非相关的视频网站、新闻网站。从深度上看，样本寻找学习资源时仅参考百度搜索结果的前几条，不太关注信息来源和信息质量，若找不到满意的信息便放弃搜索，转向传统阅读。基于这种现象，本书认为，少数民族大学生是沉溺于数字环境中，而非沉浸。这引起研究者的反思：互联网的确提供了无限丰富的资源，但少数民族大学生能够真正拥有这些网络资源吗？

首先，受到经济条件和客观环境的限制，样本拥有的技术设备较为单一。前文已发现，大多数样本是进入大学后才拥有智能手机，部分样本仅拥有智能手机而没有个人电脑。“研究者：每个人都有一台电脑是吗？样本2－6：现在不是，现在我们7个人有两个笔记本。”“现在是用手机比较多。然后我打算等过一段时间，专业课正式需要电脑的时候，我再买。”（样本1－9）“电脑是上大学再买的，我平板没买，就买了电脑。大二的时候有那个HTC呀，华为啊那些（手机），反正就是不是特别智能。”（样本4－1）“我从小学就开始一直住宿舍，所以没什么条件上网。”（样本4－2）数字设备的缺乏和单一使得样本在成长过程中延续传统的阅读方式和学习方式，缺乏媒介基础知识和使用技能，而教师在课堂教学中也忽视数字素养的教授，样本在进入数字环境前未能掌握信息检索和信息利用的有效方式，就出现如前文所述，通过他人知晓资源获取渠道，且渠道单一，对信息的利用效率很低。

新疆地区的网络基础设施尚未普及无线网络信号，数据流量资费使得样本有网而不可连。作为本科生，样本对移动流量数据的资费承受能力有限，在没有无线网络信号的情景下，会主动限制自己接入互联网。"我觉得，比较贵，挺容易用完的。"（样本 2－8）"手机是方便的，但是网速太慢，网费太高。"（样本 2－9）"很贵。反正是 100 兆流量，20 元。如果没有 WiFi 就基本上不上。"（样本 3－11）"刷微博浪费流量。学校用手机没流量，流量一会儿就没了。"（样本 1－6）

其次，文化上的语言差异限制了样本对网络资源的获取。我国的数字环境建立在汉语的基础上，数字内容的呈现和数字设备设计都以汉语为主，样本频繁使用的百度、微信、微博、优酷等网站和网络应用都是呈现汉语内容，目前发展完善的输入法也是汉语输入法。以民语内容呈现的网站和资源并不能满足样本的需求，因此少数民族大学生的汉语水平直接决定了他们对媒介内容的阅读率和理解力。前文解释了样本的语言水平和考试方式：在汉语、双语学校就读的少数民族大学生的汉语水平较高；来自于南疆偏远地区、就读于民族学校的民考民学生的汉语水平较低，尽管在本科入学前会学习一年语言预科，但仍赶不上汉语班的学生，需要民族老师用民族语言授课。

民族班的很多样本是进入大学之后才开始系统学习汉语，对媒介内容的理解和语言输入相比汉语班的学生会有所差异。但样本会主动利用新媒体来提高汉语水平。"我主要学汉语就是预科开始的，因为我们就是初三的时候，我们汉语一个字都不认识。我汉语打字就是在微信里面学的，上微信更是说汉语，但是都学汉语，就这样提高汉语。"（样本 3－5）"老师讲的时候，我们可以懂，但是写的时候，用汉语写，我们翻译不过来。"（样本 1－10）"上课就是有些东西，我就听不懂，听不懂就不想听。有语言障碍，有些也比较枯燥。"（样本 4－8）"微信上打字用汉语，发语音用哈语。不知道的就打拼音。"（样本 3－3）"新闻评论（作业）的话，是用我们自己母语（哈语）来写。跟拍摄的时候一样，制作出来在前面加上汉字。找素材一般在百度，用汉语找。”（样本 3 – 7）“现在我们不用哈萨克语的输入法，现在我用的是汉语。”（样本 3 – 1）“我不想用（QQ 空间），不是特别理解。汉语写起来会比较难。”（样本 4 – 7）“我们不太懂（微博）。”（样本 3 – 11）“有时候网页上的汉语不是很熟练。”（样本 3 – 13）互联网能够提供的丰富资源是相对的，汉语内容的制作者和受众人数远大于民族语言内容的传受用户，导致不同语言间资源的不平衡；想要获得更为丰富的汉语内容资源，就要求样本具备熟练的汉语水平。

此外，政治环境限制了新疆地区的网络接入和对外联通。“我知道我高考考到这儿来了后，我们那儿就断网了，就一直只能看电视，短信都看不了，也不玩手机。”（样本 1 – 7）“当时就是完全断网，就是感觉整个新疆被这样孤立起来。”（样本 1 – 9）“当时好像（伊犁）这边还有内网可以上，那边（乌鲁木齐）就几乎上不了，连电话都没有。完全断网。”（样本 4 – 3）

（四）数字素养与新媒体素养：讨论的缺席者

数字素养要求数字原住民能够对网络信息有效地搜寻、辨别和使用（Leu，et al.，2005）。本书的样本就读于新闻与传播专业，因此在数字素养之外更要求他们具备新媒体素养，即“熟练地使用新媒体，有意识地主动关注社会事件、从专业性的角度理性参与公共事件讨论，并最终形成具有建设性的社会行动”（肖珺，2015）。

但前文发现，对于新媒体上的严肃类新闻信息，样本的需求程度较低，且持“只看不评”的态度。样本 1 – 1 对微博上的新闻内容“不太想看，跟自己没什么关系”；样本 1 – 5“除非发生什么非常重大的事，例如死了（人），不然不会主动去看”；样本 1 – 3“不会看国家领导人怎么样，就只会看张柏芝、王菲这些”。样本 4 – 3“很少（评论），会转发评论一些那种，不是新闻性特别强的东西，但是没有对一个专门的新闻事件转发或者评论”。样本 4 – 5 曾经主动发过评论，但是“后来又删了”。样本 4 – 8“不想评论，觉得不关我的事”。样本 1 – 8“一般比较喜欢看别人的看法，我有自己的想法但不会写出来。自己会想。我觉得写起来很麻烦，还要组织语言很累”。

如前文所述，样本 X、样本 W 解释自己拒绝在微博上发表评论；样本 Y 不愿意在微博上对新闻事件发表评论，因为“老师再三强调不要转不要发。从我用微博开始（大学）老师就开始强调，在网络上要注意，所以我基本上就不会去评论。家里人也会不停地说”。样本 4－5 同样在访谈中提到，看到微博上对于新疆的误解很想反驳，但是“想了想又觉得何必呢，没意思”，她曾经主动发过评论，但是后来又删了，觉得“干吗这样，让别人觉得新疆人都很俗很低”。

“讨论缺席者”这一概念源自鲁滨逊（1976）对两级传播理论的修正，即大众传播中存在三种受众：意见的提供者、接收者，以及数量更多、更不关注、更容易接受大众媒体直接影响的“讨论缺席者”（Denis McQuail，Sven Windahl，2008）。基于以上发现，本研究认为新闻传播学专业少数民族学生在新媒体时代成为“讨论缺席者”。

缺席的原因在前文的叙述中能够找到依据。民族间语言的不便给少数民族学生使用以汉语为主的微博造成一定壁垒；而保守的民族个性约束少数民族学生在开放性的微博平台上的言行，强调产品对私密性的保护；部分少数民族聚居地处于网络基础设施资源匮乏的地区，上网设备及网络环境的劣势限制了样本的网络使用；而涉及民族问题的政治敏感，给少数民族学生在网络上的言行形成压力。宗教教义对少数民族学生的行为产生约束作用；同样的，新疆地区频发的宗教问题涉及政治压力，对样本的新媒体技术使用有直接的限制作用。

（五）少数民族数字原住民的数字化困境

正如前文在“数字环境和数字资源”中提出的反思：互联网提供了无限丰富的资源，但少数民族大学生真的拥有这些资源吗？本节再次提出反思：数字技术真的为少数民族大学生创造了更美好的社会吗？在访谈中，样本表达了对于数字技术的渴求，也欣喜于数字技术提供的丰富资源和开放的环境。但研究者从样本的生活方式中看到了隐藏其中的数字鸿沟和媒介技术垄断，也感受到样本被裹挟的无奈和对民族文化传承的担忧。少数民族大学生身处的数字环境是否只是一种数字化生存的幻象？

1. 依旧存在的数字鸿沟

在访谈的过程中，一名哈萨克族女孩给研究者讲了一件刚入学的趣事："第一天在学校，南方的有些维族同学从来没有见过我们哈萨克人，我一进去宿舍的时候她们就说：'她是哈萨克人，哈萨克人！'然后我就说：'我就是哈萨克人怎么着？'她们说：'我们没有别的意思，就是我们从来没有见过哈萨克人。'当时我就特别生气。我说：'你们不上网吗？'她说：'我们从来没用过电脑。'"（样本 3－9）这件趣事在样本看来是同学之间的玩笑话，但却揭示了新疆地区经济发展和资源分配不平衡导致的数字鸿沟。

2. 经济鸿沟

数字鸿沟首先体现在经济水平上。通过样本内部的比较可以发现，家庭经济条件较好的样本在小学就拥有数字设备、进入网络世界，他们能掌握更多的媒介基础知识和网络使用技能，知识水平和认知能力也高出来自经济欠发达地区的样本。"小学的时候就有 QQ 号，最开始上网打游戏。在家用台式机。"（样本1－8）"小学六年级开始接触网络。"（样本 4－5）而另一边，更多的样本到大学才开始频繁使用互联网。新疆地区与内地相比较，新疆网络资源和网络基础设施较为薄弱，公共场所 WiFi 不够满足样本的需求，流量资费超出学生的消费承受能力。

3. 文化鸿沟

经济水平差异直接决定了文化上的数字鸿沟。首先，新疆地区师资力量和教育资源不平衡导致学生汉语水平参差不齐，汉语水平较为落后的样本对媒介内容的阅读理解能力相对较低，因而不同学生对网络资源的利用率差异显著。"教育水平，师资力量导致汉语水平不一样。民语班很多来自南疆，不是城市的，是县里和乡里的，老师汉语水平也不是很好。"（样本 5－2）

其次，不同社会环境下的文化差异对数字鸿沟的影响更为深远，来自不同生源地的样本对新媒体的信任感和社会可供性认知因文化的开放性有所不同，进而影响样本在社会公共事件中的参与程度。疆内地区经济水平较高的城市思想相对开放，"因为我是来自伊犁，可能就是跟这边的学生不太一样。这边的学生可能接触的东西多，从小就是特别自由啊这样。"（样本 4－3）而内地与新疆地区相比，资源更加丰富，环境更加开放，和样本在同一所高中毕业的学生进入内地上大学后，思想文化上产生了显著差异，对新媒体的态度更加开放和包容，也愿意参与社会公共事件讨论。“内地上大学的同学会发（评论），他们会特别严肃地转发微博加上自己的评论。我觉得这很好，我做不到就不做。他们在内地刷微博，自己的民族被误解了就会去改变别人的看法。我怕表达不清楚，自己说错了会有更大的麻烦，如果其他人发我会很支持。”（样本4－4）“新疆有一些人跟别的民族交往的时候会有一些很容易发生矛盾。我也觉得是这样的，很容易发生矛盾，因为我们的生活方式有些地方很不一样，我们也不太了解。但是他（样本的高中同学）说在内地，可以很容易了解他们的生活方式，也可以很容易地跟他们交流，所以新疆的学生和内地的学生对一些问题的看法，根本不一样。环境会影响他人的想法。”（样本2－1）“他们（样本的高中同学）说那边发展挺大的，认识了很多朋友，也认识了很多学识人才，跟他交流觉得这儿跟那边的区别很多。”（样本2－3）

4. 被裹挟进数字世界

数字原住民的研究者们认为，数字原住民成长于数字技术发展的时代，计算机已经成为一种社会情境和生活方式。现有研究鲜有讨论数字原住民如何进入数字世界，如何接受和使用数字技术。少数民族大学生成长滞后于数字技术发展，他们进入数字世界时，新媒体技术和应用已经较为成熟。研究者在访谈中发现了样本进入数字世界的路径：“她们逼我玩。”（样本4－8）与其说少数民族大学生生活于数字环境，本书认为他们更应该是“被裹挟”进网络世界。

前文阐述少数民族大学生进入网络世界的大门是通过社交网络，样本接受和使用社交网络的动机则来源于社会影响①和网络外部性。所有样本在回忆最初使用社交网络时都提到，是朋友或亲人推荐使用，甚至直接代为下载客户端。“别人帮我下了。”（样本1－2）“就每个人都在用嘛。”（样本1－1）“因为每个人都在用（微博），他们说，我@你了一直都不回我啊，然后

① 指对样本重要的人，如老师、同学、家人、朋友等，认为样本应该做某事。（Venkatesh，2003）

我就好吧那我也注册一个。”（样本 4－1）“微信现在老老少少都在用。”（样本 4－4）“刚开始流行起来的时候大家都在用。”（样本 4－6）“高三的时候大家都玩，就感兴趣了。”（样本 2－5）“人人都有 QQ。看到别人，然后我们自己就用了。”（样本 3－1）“别人给我们，然后我们自己用。”（样本 3－5）“研究者：怎么会开始使用 QQ 空间呀？样本 3－4：大家都在用。”“我是一个姐姐介绍的，推荐的让我用。”（样本 5－2）样本在新媒体的选择上并没有掌握自主权，几名样本提到自己偏好 QQ，但由于周围的人都转向微信，QQ 的网络外部价值降低，因此也无法继续使用。“现在大多数人用微信，QQ 都没什么人再玩了。朋友都在微信上，QQ 根本找不到他。”（样本 2－5）“我自己想用 QQ，但是我朋友都在玩儿微信了，只能玩儿微信了。”（样本 2－10）“研究者：为什么现在 QQ 不用了？样本 3－3：现在大家都不用了。”

由此可以看出，少数民族大学生并不是主动进入数字化生存方式，接受并使用新媒体对于他们来说并不是一个自然而然的过程，他们对自己进入网络世界的方式并未掌握自主选择权，而是认为自己应该跟朋友一样、跟社会上其他的人一样开始使用某个社交应用。他们是被周围的人、身处的社会大环境裹挟进入的。

5. 媒介技术垄断

媒介技术使我们的生活环境变得更好还是更糟？尼尔·波兹曼在《技术垄断》一书中提出了这一问题，思考以技术为核心的媒介环境如何影响和改变人们的认知方式。

访谈中，研究者发现新媒体技术垄断对样本的认知能力造成了一定程度的影响。本章在第二部分“少数民族原住民对新媒体的学习性使用”一节中谈到，样本将百度作为所有网页的入口和来源，上网即是上百度，搜资料亦是上百度。百度成为网络世界的代言人之一。样本对信息来源并不关心，若百度搜索不到想要的信息，直接放弃其他搜索方法的尝试。有的样本已经认识到百度的信息混乱，却无法找到替代，“老师说上网找一找我们就上百度呀，有些地方找不到。我们老师常常说，百度上查找东西都是有一些乱七八糟的东西”（样本 2－1）。

如果说百度控制了样本的信息获取渠道和方式，那么腾讯则塑造了样本的社会交往方式，并企图渗入样本生活的方方面面。在前文“少数民族原住民对新媒体的社交使用”中，笔者发现 QQ 是样本进入网络世界的第一扇门，样本从 QQ 兴起时进入互联网，到微信兴起时转移社交阵地，样本的网络社交都离不开腾讯的产品生态圈。腾讯不仅塑造了样本社交方式，更规训了样本的数字化生存方式：聊天时用微信发语音，学校发通知用微信群，传照片用 QQ 空间，传文件用 QQ，玩游戏需要 QQ 号，所有客户端一齐推送腾讯新闻作为信息入口。

垄断技术能够集中资源开发更丰富的网络应用，解决了信息稀缺，但却造成了信息泛滥，进而导致信息混乱，反而使少数民族大学生失去了选择的自由。对于本书的样本来说，少数民族大学生缺乏相应的媒介基础知识和技能，在信息混乱的环境下无法驾驭自己身处的数字环境。这种不平衡的媒介垄断环境不断拉大数字鸿沟，更加凸显了样本在数字化生存环境中的劣势处境。

（六）非典型数字原住民：少数民族大学生的数字化生存幻象

1. 建立与网络社会的连接

新媒体已经融入少数民族大学生的日常生活，样本对手机的使用程度尤其深入。样本在中学至大学期间拥有智能手机后，通过社交网站进入数字化生存。在使用新媒体的过程中，获取信息的需求得到最大满足。因此本书从新媒体的社交平台、信息来源和学习工具三个维度来考察新媒体在样本生活中的融入情况。

（1）偏好私密性和功能简洁的社交工具

作为社交平台的新媒体，是样本通向网络世界的第一扇门。随着使用经验的推进和社交网络应用的发展，样本在这个过程中探索出个性化的需求类型：①样本对于社交媒体的便捷性和私密性非常注重，因此样本会从成熟的 QQ 用户变为忠实的微信用户，QQ 则用来完成文件传输等其他较为复杂的任务。②获取信息的需求获得了最大的满足，样本习惯于阅读社交媒体推送的新闻信息。③新媒体打破了语言屏障与时空隔阂，媒介形态和媒介内容为族际交往消解了现实社会规则的界限，在一定程度上消除了族际区隔，有利于少数民族大学生的族际交往。

（2）专用作获取休闲娱乐信息的来源

作为信息来源的新媒体为样本提供了更快捷、更丰富的新闻信息，但样本对不同类型的信息有不同偏好，获取策略也有所差异：样本对休闲娱乐类信息更感兴趣，采取主动搜寻的获取方式；对严肃类新闻意愿消极，甚至不关心，获取方式非常单一地来自于腾讯新闻推送。尽管样本对本民族和家乡信息保持关注，但在参与行为上仍然消极。

（3）学习资料来源单一，缺乏辨别能力

作为学习工具的新媒体成为学习资料的便捷来源。样本在寻求学习资料的时候，首先想到的就是上网。但资料的来源非常单一，仅限于百度。样本并未掌握有效、科学的搜索方式，单纯依靠搜索引擎而不从垂直网站获取不同类别的信息；简单使用关键词搜索而并未尝试高级搜索；信任搜索结果却不辨别信息来源。样本对新媒体作为学习工具的利用率较低，流于表面，缺乏对信息的探索和质疑。

综上，本书认为，新媒体已经成为少数民族大学生的社会生活环境，满足了样本的社交需求和信息获取需求，并激励他们不断探索和发现新的需求。但网络资源利用尚不充分，下文将详细叙述。

2. 数字化生存幻想：认同与信任的割裂

尽管新媒体已经融入少数民族数字原住民的生活中，成为他们与网络社会连接的桥梁，然而媒介也是横亘在样本与数字世界之间的一道沟，割裂了认同与信任的建立。

根据现有研究对数字原住民的属性界定，本书将其归纳为四种维度：思维方式、学习风格、数字环境和数字素养。前文分别详细分析了少数民族大学生在不同维度的生活方式，得出结论：样本的阅读方式、社会交往和学习风格在一定程度上符合数字化生存方式，但对网络资源的利用尚不充分；样本高度沉溺于网络环境中，但缺乏相应的数字素养，而数字环境也并非自由而丰富。因此，笔者认为少数民族大学生较数字移民更加沉浸网络世界，但并非典型意义的数字原住民；他们的生存方式已逐渐脱离传统走向数字化，但依然面临种种困境，这种数字化生存方式在根本上仅仅是一种幻象。

（1）注意力被消耗，不信任即时反馈

RQ4：新疆少数民族数字原住民的思维方式是否符合典型的数字化生存属性？

研究者们将数字原住民的思维方式特征总结为：注意力分散（Zhien，2010；Carr，2010）；同时处理多任务（Prensky，2001；Dede，2005；Bennett，2008）；满足于即时的奖励（Prensky，2001；Teo，2010）；主动的、社会化的（Tapscott，1999）；更富创造力和想象力（Shirky，2010）；反思等能力下降（Carr，2010）。本书针对以上特征分别考察了少数民族大学生的数字思维方式。

样本已经习惯于使用电子屏幕阅读，但新媒体的技术形态和信息推送造成少数民族大学生的注意力分散，对他们的学习和生活造成困扰。样本并未习惯合理分配注意力以更高效率地处理多重任务，反而导致注意力损耗而无法集中精力处理任务，且造成心理和生理上的不适。因此部分样本会选择主动离开新媒体以获得更为集中的精力。

样本对即时信息的反馈效果并不信任，对新媒体的自媒体属性缺乏创造力和想象力，认为文字在互联网中的力量微不足道，质疑网络信息的真实性，当产生怀疑和不信任时，并未利用信息技术查证求实，会选择转向传统媒体，更相信传统媒体的权威性。此外，样本也不信任受众在网络传播中角色的转变，认为互联网依旧存在门槛，对互联网的社会可供性缺乏想象和探索。样本在处理和反馈新闻信息时更倾向个人化。样本对即时信息的不信任和对传统思维方式的延续反映出样本对互联网的反思，他们对新媒体传播效果和传播内容的批判性思考有助于保持自身思考的独立性，避免盲目从众和误信。

综上，少数民族大学生的注意力被分散且消耗掉，且不善于合理分配注意力来处理多重任务。不信任即时信息的传播效果和新媒体的社会可供性，缺乏对自媒体的创造力和想象力，依旧信任传统媒体。对新媒体传播内容的处理和反馈更偏向个人化，甚少将自己置于社会化的情境中。但另一方面，样本的保守与个人化有助于他们保持对新媒体传播效果和传播内容的批判性反思，而这一认知能力的缺失正是学者们对数字原住民的担忧。

（2）个人化学习风格：不认同新媒体内容

RQ5：新疆少数民族数字原住民的学习风格是否符合典型的数字化生存属性？

研究者认为成长于信息技术环境的数字原住民与数字移民有着迥然不同的学习方式，较之上一代，数字原住民喜欢探索式学习（桑新民，1999；Brown，2000）和协作学习（Howe，2000）。

调查发现，少数民族大学生的学习风格更偏好教师教授、课堂教授的方式，在专业学习中遇到较为复杂的问题会倾向于寻求教师的指导，部分样本的学习资料获取还是倾向于首先寻求纸质资料，在图书和报纸无法满足学习需求时才转向新媒体。讨论学习问题时会选择用电话、面对面的方式与老师沟通。在探索式学习和自我学习方面，样本尚未表现出主动意愿。

此外，样本课堂学习的协作风格并不突出，小组任务通常是由教师指定，并且没有具体的分工，与同学的合作多发生在需要共享资源的场景下。与同学的学习互动也主要集中在课堂场景中，课余时间与同学交流学习的情景较少。但是样本语言学习的过程表达了强烈的协作性和主动性。

（3）滞后于技术发展，网络资源受到限制

RQ6：新疆少数民族数字原住民所处的数字环境是否符合典型的数字化生存属性？

尽管研究者们对数字原住民的属性界定不尽相同，但都认为出生于技术诞生时期、成长于信息技术环境是最基本的特征。本书依据前人研究从三个维度考察少数民族大学生的数字环境：出生于技术诞生，成长于技术发展（Prensky，2001），高度沉浸在数字环境中（Helsper & Eynon，2010），拥有技术设备和丰富的网络资源（Yang，2001）。

研究发现，样本总体出生年份在 1994 年前后，即我国首次接入互联网的时间，但成长滞后于技术发展，即样本进入数字世界时信息技术已经发展的较为成熟。其原因在于：①经济条件较为落后，样本对数字设备的持有滞后于技术发展。②学业压力和校规管制减少了样本的新媒体使用。尽管进入网络世界的时间滞后于技术发展，但样本在数字环境里的参与程度已经非常深入，使用新媒体已经成为生活习惯，甚至占据了过多的时间和精力。

样本拥有的设备较为单一，受到经济条件和客观环境的限制，大多数样本是进入大学后才拥有智能手机，部分样本仅拥有智能手机而没有个人电脑。新疆地区的网络基础设施尚未普及无线网络信号，作为本科生，样本对移动流量数据的资费承受能力有限，在没有无线网络信号的情景下，会限制自己接入互联网。

相比互联网提供的丰富资源，样本能够利用的网络资源却相对有限。①文化上的语言差异限制了样本对网络资源的获取。我国的数字环境建立在汉语的基础上，数字内容的呈现和数字设备设计都以汉语为主，汉语内容的制作者和受众人数远大于民族语言内容的传受用户，导致不同语言间资源的不平衡，以民族语言内容呈现的网站和资源并不能满足样本的需求。少数民族大学生的汉语水平直接决定了他们对媒介内容的阅读率和理解力。②政治环境限制了新疆地区的网络接入和对外联通。

（4）数字素养缺失

RQ7：新疆少数民族数字原住民是否具备数字素养？

研究者们认为数字原住民必须具备数字素养，即能够有效地搜寻、辨别和使用网络上的信息。（Leu，et al.，2005）少数民族大学生就读于新闻与传播专业，因此本书也将新媒体素养纳入考察范围，即熟练地使用新媒体，有意识地主动关注社会事件、从专业性的角度理性参与公共事件讨论，并最终形成具有建设性的社会行动。（肖珺，2015）

研究发现，少数民族大学生对网络信息的搜寻和使用仅流于表面。样本对网络资源的利用效率并不高，利用新媒体提升学习技能的效果也并不明显。样本会广泛利用新媒体寻找学习资料，但从广度上看，渠道单一，样本最多使用的是搜索引擎，尚未学会利用图书馆电子数据库资源；查找垂直内容如电影、摄影、新闻等资源也通过搜索引擎，而非相关的视频网站、新闻网站。从深度上看，样本寻找学习资源时仅参考百度搜索结果的前几条，不太关注信息来源和信息质量，若找不到满意的信息便放弃搜索，转向传统阅读。

而作为新闻与传播专业的学生，样本对社会公共事务的关注意愿较低，参与行为消极，不信任自媒体的社会可供性，被认为是“讨论的缺席者”。

因此，本书认为，少数民族大学生尚不具备数字生存方式所要求的数字素养，以及新闻与传播专业要求的新媒体素养。

3. 数字化生存的困境：作为桥和沟的媒介

本书在肯定新媒体为少数民族大学生创造一个更加广阔和开放的社会的同时，也反思技术所带来的负面问题。

媒介作为无所不在的沟，它实现着某种感知偏向、文化偏向的延伸。（单波，2010：21）信息技术所造成的不可忽视的数字鸿沟仍然横亘在少数民族数字原住民的数字生活中。经济水平差异拉开了样本进入网络世界的时间和程度：家庭经济条件较好的样本在更年幼的时期进入网络世界，拥有更智能更多样的数字设备；而来自经济欠发达地区的样本获得数字设备的时间远远滞后，对数字设备的消费程度也相对较低。

文化上的数字鸿沟影响更为深远。不同汉语水平的样本对媒介内容的阅读理解能力也不尽相同，进而对网络资源的利用率差异显著。不同社会环境下的文化差异使样本对新媒体的信任感和参与程度也有所差异。

媒介也是一座无限延伸的桥，它形成了对路径、手段、方式等的控制。（单波，2010：21）信息技术虽然联通了少数民族大学生进入网络社会的道路，也控制了他们进入的路径、方式和走向。样本并不是主动进入数字化生存方式，接受并使用新媒体对于他们来说并不是一个自然而然的过程，他们对自己进入网络世界的方式并未掌握自主选择权，而是认为自己应该跟朋友一样、跟社会上其他的人一样开始使用某个社交应用。他们是被周围的人、身处的社会大环境裹挟进入。

此外，本书发现新媒体技术垄断对样本的认知能力造成了一定程度的影响。垄断媒介控制了样本的信息获取渠道和方式，塑造着样本的数字化生存方式。尽管填补了信息缺口，但却造成了信息泛滥。少数民族大学生缺乏相应的媒介基础知识和技能，在信息混乱的环境下无法驾驭自己身处的数字环境。这种不平衡的媒介垄断环境不断拉大数字鸿沟，更加凸显了样本在数字化生存环境中的劣势处境。

4. 新媒体使用行为中的少数民族特性：语言和文化

RQ3：新疆少数民族数字原住民的新媒体接受与使用受到哪些因素的影响？

通过问卷调查和深度访谈，本书验证了感知有用性、感知易用性对行为意向有积极影响，社会影响、社交需求、私密性、网络外部性和绩效期望对感知有用性产生影响；民族特点、社交需求、网络环境对感知易用性有显著影响。

同时，行为意向对使用行为的作用受到民族特点、宗教教义的直接影响，尤其是民族与宗教中的政治因素；民族特点会直接影响民族地区大学生的技术接受行为。其中，少数民族个性普遍比较保守，因此会约束自己在社交媒体上公开自我形象，在微博使用过程中以旁观为主，甚少参与话题讨论；数字新媒体产品以汉语为使用语言，民族学生在语言的使用和沟通上存在一定差异，语言的壁垒直接影响了汉语基础较弱的民族学生使用数字新媒体与其他民族交流，同时也给微博上的信息交换造成了一定的障碍。宗教教义对民族学生的行为有直接的限制作用，也会要求教徒在公开场合言行保守。同时，由于宗教和民族的特殊性，其中的政治敏感会限制民族学生的数字新媒体使用行为。

RQ2：新疆少数民族大学生的新媒体使用是否具有少数民族特性？

从上文所述可以体现出样本在新媒体使用行为中凸显的少数民族特征，主要包括语言和文化。

首先，由于新媒体内容与媒介形态以汉语为主要呈现方式，因此汉语水平差异会给少数民族大学生阅读和理解汉语媒介内容造成一定的障碍，进而影响样本的新媒体使用行为。

但少数民族学生的语言优势在使用社交媒体时也更加凸显。社交媒体提供了不同的语言输入和输出方式，让少数民族大学生能够与不同语言背景的好友交流，进而学习不同民族的语言，提高语言能力。

其次，少数民族文化较为保守，样本在学习上仍然延续传统风格，强调个人化而非社会化协作，更倾向与本族同学合作；政治敏感性也使得样本在阅读时政新闻信息时，对社会公共事件的反馈意愿和互动意愿较低。

第四章
跨文化虚拟学习共同体的信任

文化之间的流动通常伴随着冲突和矛盾。这种跨文化冲突，也会随着新媒体的产生而发生改变。文化差异往往能带来不同的媒体再现方法与过程。因此，媒体的内在结构与操作乃是建立在一个文化的价值系统之上，而其所产生的不同的媒体再现形式，很容易在跨文化互动的过程中带来不和谐的情况，并导致人际间、团体间，以及国家之间的歧义和冲突。（Chen Guoming，Dai X－d，2012）如一项关于中国维吾尔族大学生群体对民族诸问题的认知研究表明，仍有不少维吾尔族大学生认为维吾尔族遭受歧视和偏见，呼吁其社会身份的平等性应受到关注。（唐元超，2014）这也从另一个侧面表明，在虚拟空间表露过多的信息，有可能给同文化内或跨文化之间关系建立的过程带来负面的影响。（Qian H. & Scott，2007）因此，如何在当下新的环境下，更好地进行跨文化交流，形成良性的跨文化关系，化解冲突和矛盾，十分重要。

传播或交流，是人类生活中必不可少的组成内容。全球化潮流使得人们在跨国之间的移动变得更加容易，来自不同族群的人们之间的互动变得更加频繁，一起工作的机会也大大地增加，各族裔之间平等互动、对不同文化思考方式的包容也成了普遍的追求。（陈国明，2014）

这些改变表现在教育方面，则是来自不同文化背景的学生们，可以通过互联网平等地交流、互动，从而达到共同学习、提升学习效果的目的。互联网时代，教育面临着十分巨大的挑战。虽然技术的发展，打破了时间、空间的限制，但在曼纽尔·卡斯特（Mannel Castells，2006）看来，流动空间并未渗透到网络社会里人类经验的全部领域。事实上，绝大多数的人，不论是在先进或传统的社会，都生活在地方里（local），且人类在感知这个世界时，仍以地方为基础空间。地方乃是一个其形式、功能与意义都自我包容，且在物理临近性之界限内的地域。这种并存的全球化与地域性会带来不可预见的后果。

现有关于跨文化交往的研究主要聚焦于日常生活，而在与学习相关的跨文化研究中，则以语言学习为主，较少关注跨文化的专业性学习的情况。已有的关于教育和传播新技术的相关研究又较少涉及跨文化的场景。

一 虚拟学习共同体的形成与成员参与

为更好地研究跨文化虚拟学习共同体，本章试图通过新媒体技术，为来自不同文化背景的学生组建共同学习的跨文化虚拟学习共同体，从而研究这种虚拟学习过程中的跨文化成员的参与、互动、信任的形成以及学习效果。

（一）跨文化虚拟学习团队的基本元素

1. 研究对象

研究对象分别来自武汉大学新闻与传播学院（以下简称武大）、新疆大学新闻与传播学院（以下简称新大）。研究过程中要求学生之间通过新浪微博形成1对1虚拟学习团队，并根据每个阶段的学习任务共同学习。这个网络学习的过程强调其与新闻传播专业相关的信息获取、内容生产与运营等学习活动。

（1）虚拟学习平台：新浪微博

越来越多的数字新媒体，包括各种各样的社交网络平台、虚拟社区等，都可以成为教学的工具，如国内的微博、微信公众号，国外的Twitter、Facebook等。学生的网络学习不仅可以通过专门的公开课网站、网络社区进行，同样也能借助多样的新媒体产品进行。

目前国内外已有诸多有关数字新媒体与教学效果的研究，如有学者实证分析了墨西哥MBA学生的虚拟学习团队，提出了虚拟团队对教育的促进作用。（Balthazard，Pierre A.，1996）研究表明，新媒体环境下网络课程的使用有助于学生语言学习能力的提高（柳婉璐、丁爱侠，2012）；而作为虚拟社区的Twitter在加入课程学习后，有助于学生之间进行虚拟合作与交流，从而提高学习成绩（Junco R.，Elavsky C. M. & Heiberger G.，2013）。此外，有研究则直接提出虚拟学习团队的交流方式更适合网络时代的知识交流（沈阳、傅惠鹃、刘朋朋等，2009）。

因此，教学活动之中融入新媒体，具有重要的意义和价值。在本次跨文化虚拟学习的实验中，研究团队经过考量后所选取的新媒体平台是新浪微博。较之微信、贴吧、人人网等平台，将微博融入本次学习活动之中主要有三个原因：首先，微博是中国大陆用户最密集的公共舆论集散地，也是专业记者进行新闻生产、发布、互动、再生产的循环报道平台。（肖珺，2015）网络时代背景下的媒体工作人员，可以通过微博等社交平台获取背景资料和补充报道素材，接近他们的报道对象和行业内其他媒体从业者；同时，微博上的自我表达，既可以展现个人日常生活，也可以针对公共议题发表意见。（白红义，2011）虽然在我国网络综合社交领域，微博总体用户规模呈下降趋势，用户使用率也逐渐降低，截至 2015 年，微博的使用率为 33.5%；尽管微博的使用率呈现出缓慢下降的趋势，但微博作为互联网信息平台，仍然能满足用户对兴趣信息的需求，是用户获取和分享“新闻热点”“兴趣内容”“专业知识”“舆论导向”的重要平台。与此同时，微博在帮助用户基于共同兴趣拓展社交关系方面有着不可忽视的积极作用①。

其次，微博的社交连接方式与微信不同，它是开放性的弱关系链。较微信等半封闭型社交传播模式而言，这种开放性的大众传播模式更适合建立虚拟学习团队、帮助陌生的研究对象之间建立团队式的快速合作关系；同时，由于微博内容的开放性，研究团队在整个实验过程中，都能以参与者的身份，观察研究对象的参与和互动。

最后，为更好地了解研究对象，研究团队在实验开始前，对研究对象进行了有关社交媒体使用偏好的问卷调查。在新大、武大研究样本的回收问卷中，微博都是使用意愿较高、使用频率较高的产品之一。综合上述多种因素，在本研究中，研究团队决定选取微博作为实验的平台。

---

① 关于微博总体用户规模、用户使用率的数据及微博在当前网络综合社交领域的作用，同样参见中国互联网络信息中心（CNNIC）《第 37 次中国互联网络发展状况统计报告》，发布于 2016 年 1 月 22 日，http://cnnic.cn/gywm/xwzx/rdxw/2015/201601/t20160122_53283.htm。

在确定微博为教学工具后，研究团队设计出时长为25天、基于微博平台的跨文化虚拟学习团队实验。这25天时间共分为三个阶段，具体设计如表4－1。

表4－1 跨文化虚拟学习团队学习计划

阶段	时间	学习计划
第一阶段	2014. 10. 1 ~ 2014. 10. 5 5天	由研究者设定每日聊天话题，使得研究对象互相认识、了解彼此
第二阶段	2014. 10. 6 ~ 2014. 10. 20 15天	新大、武大研究对象共同参与微博创意运营的学习任务，合作、交流＊
第三阶段	2014. 10. 21 ~ 2014. 10. 25 5天	新大、武大研究对象就本次跨文化虚拟学习团队的活动进行总结

＊在第二阶段，武大研究样本正在参与由专业课任课教师布置的微博创意运营学习任务，因此在本阶段，研究团队希望武大研究样本能邀请新大研究样本加入其中，共同合作。

本次实验中，研究团队通过前期调查初步了解研究对象在社交网络上的使用偏好，并考察其在社交媒体上与专业学习相关的使用倾向与行为。根据这些信息，研究团队设计出如表4－1的三阶段的跨文化虚拟学习计划。

本次跨文化虚拟学习实验分为三个阶段，时长共计25天。第一阶段，由研究者设定每日聊天话题，使得研究对象通过微博互相认识、了解彼此，为期5天；第二阶段，新大、武大研究对象在微博上共同进行微博创意运营活动，共同学习，为期15天；第三阶段，新大、武大研究对象回顾自己的表现，互相交流、总结，并提出自己的思考和建议。在25天的跨文化学习结束后，研究团队设计出访谈调查问卷，并通过邮件、电话等方式发放给研究对象，试图更为详细地了解研究对象关于本次跨文化虚拟学习的所思所想。

（2）虚拟学习团队：新大、武大新闻传播专业学生

本次跨文化虚拟学习实验由武大、新大共同合作完成，全部28名研究对象均就读新闻传播专业。其中由新大提供的14名研究对象来自4种少数民族[①]，来自大一和大四两个年级。在样本抽样时，选择大一、大四的原因在于：大一学生虽然刚接触新闻传播专业，尚未建立专业相关的知识体系，

① 新大原提供了少数民族样本共17名，在访谈的过程中，研究团队询问研究对象的参与意向，其中有3名同学表示不愿参与虚拟学习团队，因此本研究共有14名少数民族研究对象。

但作为数字新媒体使用者，对于将技术融入课程学习的过程，并不会陌生；大四学生则均已完成新大所开设的新闻传播相关课程，已较为完整地建构了自己的专业知识体系。由武大提供的 14 名研究对象均为汉族学生，就读于传播学专业二年级。

为保证跨文化虚拟团队的有效性，研究团队对性别、语言、家庭宗教信仰、地域等多种因素进行综合考量，将研究对象进行了 1 对 1 的配对，即 1 名少数民族研究对象与 1 名汉族研究对象组成一组，共有 14 组虚拟学习团队。研究对象之间通过微博、微信、QQ 等工具，对专业学习上的问题进行沟通和交流，共同学习。

需要指出的是，考虑到新疆地区的特殊性，家庭宗教影响需纳入研究体系之中。新疆的伊斯兰教在传播的过程中经历了本土化、新疆化的过程，新疆各民族将自身的民族宗教传统和生活习俗与伊斯兰教相结合。（李韦，2005）少数民族学生个体的宗教性发展与其成长环境息息相关，主要包括家庭、学校、社会三个方面，其中以家庭对宗教性的发展影响最大。由于少数民族的伊斯兰教信仰属于世代传承，因此少数民族学生长期受到家庭宗教信仰的熏陶，潜移默化地接受了伊斯兰教的文化和习俗。（翁浩然，2013）因此，在新疆大学生的日常生活与学习之中，家庭宗教必然对其产生影响，从而对使用新媒体进行专业学习的行为，有着抑制或促进的作用。同样，当家庭中有信仰佛教、基督教等宗教的成员时，来自该家庭的学生，同样会受自己家庭宗教的影响。当然，参与研究的少数民族学生与汉族学生均充分了解“任何组织和个人不得在学校进行宗教活动”① 的相关规定。

为方便后期进行数据整理和描述，研究团队对研究对象进行了编号。对来自武大的汉族学生采用罗马数字 1、2、3……进行编号；对来自新大的少数民族同学用年级和序号进行组合，如 1 -1、1 -2、4 -1、4 -2……进行编号，其中 1 -2 意指新大一年级 2 号样本，4 -2 意指新大四年级 2 号样本。

表 4 -2 为进行 1 对 1 虚拟学习团队的样本详细情况。

① 详情参见《普通高等学校学生管理规定》，教育部令 21 号第四章第四十三条，2005 年 3 月颁发。

表4－2　新大、武大1对1虚拟学习团队基本情况*

组别	样本编号	性别	民族	家庭宗教	语言
1	1－1	女	回族	伊斯兰教	汉语
	1	男	汉族	无	汉语
2	1－2	女	维吾尔族	伊斯兰教	汉语、维语
	2	女	汉族	无	汉语
3	1－3	女	蒙古族	佛教	汉语、蒙语
	3	男	汉族	无	汉语
4	1－4	女	回族	无	汉语
	4	女	汉族	佛教	汉语
5	1－7	女	回族	无	汉语
	5	女	汉族	佛教	汉语
6	1－8	男	回族	伊斯兰教	汉语
	6	男	汉族	基督教	汉语
7	1－9	女	维吾尔族	伊斯兰教	汉语、维语
	7	女	汉族	无	汉语
8	4－1	女	蒙古族	佛教	蒙语、汉语
	8	女	汉族	无	汉语
9	4－2	女	蒙古族	无	蒙语
	9	女	汉族	无	汉语
10	4－3	女	维吾尔族	伊斯兰教	汉语、维语
	10	女	汉族	无	汉语
11	4－4	女	维吾尔族	伊斯兰教	汉语、维语
	11	男	汉族	无	汉语
12	4－5	女	维吾尔族	伊斯兰教	汉语、维语
	12	女	汉族	基督教	汉语、英语
13	4－6	女	哈萨克族	无	哈萨克语、汉语
	13	女	汉族	无	汉语
14	4－7	女	维吾尔族	无	维语、汉语
	14	女	汉族	无	汉语

＊该表资料根据本研究整理。

2. 研究方法：访谈法

在本次研究中，研究者主要采用访谈法，包括深度访谈法、焦点小组访谈法、问卷调查访谈法等收集数据，此外辅以问卷调查和参与式观察进行补充。

访谈法是社会学研究方法中的一种由访谈者直接向受访者提问的资料收

集方式。访谈可以通过面对面的方式进行，也可以通过电话等其他方式进行。深度访谈，属于定性访谈的方法之一，是经常运用在实地调查的、结构比较松散的资料收集方式。（巴比，2009）

考虑到本次跨文化虚拟学习计划是一项动态的过程，且研究对象来自不同文化背景，既有汉族学生，又有少数民族学生，因此具有更大弹性的深度访谈法，较其他定量研究方法而言，更为合适。与定量研究方法不同之处在于，深度访谈是根据大致的研究计划在访问者和受访者之间产生互动，于此基础上，访问者便可根据实际情况对受访者进行追问，便于收集和观察到更多详细、真实的一手资料。

为了更好地了解研究对象，尤其是来自新大的少数民族学生的社交媒体使用细节，研究团队设计出访谈提纲，并分别在武汉、乌鲁木齐对 28 名研究对象进行面对面访谈。每次访谈时均选择安静、舒适的环境，如学生熟悉的教室、安静的房间等；访谈时间控制在 30 分钟左右，访谈者由研究团队内 1 或 2 名研究者担任，受访者为 1 或 2 名研究对象。

在本次实验进行过程中，研究者同样采用了焦点小组（focus group）访谈法。焦点小组访谈法同样属于定性研究方法，基于结构化或半结构化、非结构化的访谈，允许访谈者系统地提问并同时对几个人提问。为更好地了解实验过程中研究对象的变化，研究者在武汉对来自武大的 14 名研究对象进行了焦点小组访谈，深入了解武大研究对象在实验过程中的行为和感受，也从侧面更好地了解新大研究对象的参与情况。

实验结束后，研究者通过问卷调查访谈法对全部研究对象进行访问。所谓问卷调查访谈法，即通过开放式问题（open-ended questions）进行问卷的制作，由访谈者根据问卷来获取和分析相关信息。在本次实验结束时，研究者根据跨文化虚拟学习计划及目标，设置系列开放式问题，并通过邮件的方式发放给研究对象。

上述面对面访谈总时长超过 570 分钟。研究者根据访谈录音，进行逐字逐句的整理工作。转化为文字的访谈记录，和来自问卷访谈的访谈记录一起，超过 50 万字。研究者对访谈文本进行初步的分类和整理，再根据研究问题进行更为详细的解释。

需要补充的是，2015 年新大有本科学生 476 人，民族班学生 208 人，汉族班 268 人（其中民族生 100 人，汉族生 168 人）。总体来看，民族学生占比 64.7%，汉族学生占比 35.3%，民族学生成为本科教学的主要对象。在本次研究中，研究团队对新大少数民族研究对象的深度访谈进行到第 11 位研究对象时，发现少数民族学生在将数字新媒体融入专业学习时，使用倾向和习惯开始趋于一致。后续 6 名研究对象，在访谈过程中并未再表现出新的专业学习类型。这种现象符合质化内容分析的“理论饱和原则”：针对某一类目或概念范畴，再也没有新的或有关资料出现；资料里的类目和范畴已发展得十分丰厚；类目和范畴之间的关系都能妥当建立并验证属实。（周翔，2014）由此，17 名少数民族研究样本承担了这次访谈研究的典型性，能够穷尽新疆少数民族学生对新媒体专业学习使用的行为特征，即达到研究目标所要求的信息饱和程度。

为了更好地收集数据，研究团队也使用问卷调查法和参与式观察法。问卷调查法是收集研究对象的基本信息，如性别、年龄、家庭宗教信仰等，以及研究对象基本的社交媒体使用情况；参与式观察法则是在跨文化虚拟学习计划进行的过程中，研究者在微博上对研究对象的行为及发布的内容进行观察。

（二）跨文化虚拟学习团队的形成、参与及专业学习效果

1. 跨文化虚拟学习共同体的形成

本次实验发现通过基于微博的跨文化虚拟共同体，新疆大学新闻传播学专业少数民族学生能够获取更多与专业相关的信息、提高自己的专业能力，从而实现更好的学习效果。

前述的问卷调查显示，新大样本在跨文化虚拟共同体的学习计划开始前，使用微博进行专业学习的情况如表 4－3。

表 4－3　新大样本通过微博进行专业学习的情况

选项	很不同意	不同意	一般	同意	很同意
我和同学进行了学习上的交流	0	14.3%	35.7%	35.7%	14.3%
我和老师进行了学习上的沟通	0	14.3%	50%	35.7%	0

表4－3数据表明，本研究开始前，新大样本中50%（含同意和很同意）通过微博与同学进行了学习交流，仅35.7%（含同意和很同意）与老师进行了学习上的沟通，且分别有14.3%的新大样本既没有与同学，也没有与老师进行学习互动。通过前述的访谈发现，本研究计划开始前，新大样本中虽然大多数学生已建立微博账号，但基本都是被动的信息接收者，并未将微博视为新闻传播学专业的学习平台。基于前述的自我描述和分析，新大样本通过微博虚拟共同体学习的经历证明虚拟共同体确实能使学习成员获取更多专业相关信息、增强专业的学习效果。数据表明，71.4%的新大样本表明自己有所收获，具体收获的自我描述如图4－1。

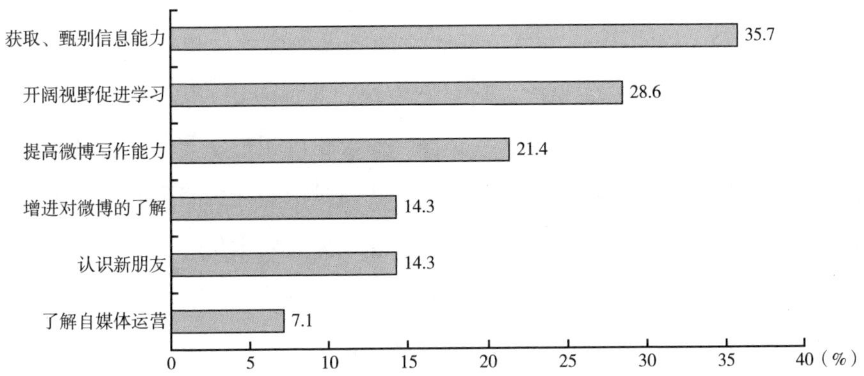

图4－1　新疆大学新闻传播学专业少数民族学生参与微博跨文化虚拟共同体的学习收获

图4－1显示，新大样本通过微博虚拟共同体学习，35.7%的样本能提高自己获取、甄别信息的能力，28.6%的样本能开阔视野从而促进自己的学习，21.4%的新大样本表示能提高自己的微博写作能力，14.3%的样本表示能增进对微博的了解，14.3%的新大样本能认识新朋友，7.1%的样本能够了解自媒体运营。总体来看，通过虚拟共同体中与武大样本之间的学习互动，新大研究样本能多方面地增强自己的专业学习效果。如新大样本4－4在步骤4自我描述和分析中写道，微博虚拟共同体“更多地开阔了我的视野，从小伙伴那里了解到他所读的书目，对社会各群体有了一些了解”，新大样本4－2写道，这种学习方法“提高了自己的信息获取能力”。新大样本4－6还提到，微博虚拟共同体能提高自己的学习热情，“这次学习交流

后感觉自己对微博有了更进一步的了解，和小伙伴相处得很融洽愉快，地域的差异不但没有让我们有隔阂，反而更让我们对彼此的生活产生了巨大的兴趣，这也为我们的学习交流提供了活力”。

综上所述，对新疆大学新闻传播学专业的少数民族学生而言，微博虚拟共同体将微博从一种日常接触的社交媒体演变为新鲜有趣的学习平台。虚拟共同体成员通过图书信息的交换、微博学习化使用的讨论和频繁的互动有效地帮助新大样本获取更多与专业相关的信息，逐步提高专业能力，最终实现更好的专业学习效果。

2. 跨文化虚拟学习共同体的学习效果存在差异

已有研究发现，虚拟社区的构成主要有四个部分：人、共同目标、政策和计算机系统。（Preece，2000）据此，微博虚拟共同体作为本研究中的计算机系统表征，是一个由老师、学生、粉丝、关注者等形成的学习共同体；政策则为本研究设计的 3 阶段学习过程，要求学生积极参与每阶段的学习过程，并鼓励大家完成每阶段的学习任务；共同目标表述为新闻传播学专业学习效果的提升；人则是新大少数民族学生和武大汉族学生，他们组成具有民族差异性的跨文化关系。自我描述和分析显示，新大有 78.6% 的样本认为，与武大样本的互动可以给自己带来帮助和收获，包括对自己的鼓励、支持、提供更多信息等作用，武大样本通过邀请新大样本加入自己的学习过程，更多地了解了新大样本的学习情况和生活场景。

如新大样本 1 - 8 描述，与武大样本的互动让自己“初步了解网络传播的利与弊……提高了自己筛选信息的能力，表达方式有所改善”。武大样本 12 详细描述了新大样本与自己在学习上的互动，“穆妮热去当地餐馆拍下了古尔邦节的一些好吃的，我的微博进行了转发，她也进行了转发。另外，她给我提出了关于如何写该条（微博）的建议”。武大样本 4 描述新大同学“参与到了我的#童年再来#这一（微博）话题，发了自己的原创微博，也对我的微博进行了点赞评论”。由此可见，新大样本与武大样本能够在跨文化虚拟共同体中实现互动式学习，他们通过互相讨论和启发进行微博原创内容的生产，通过点赞、转发和评论等多种方式互动并提升作品的传播效果。

值得注意的是，根据前述的焦点小组访谈和数据，新大少数民族样本与武大汉族样本在跨文化虚拟共同体中的互动强度、参与程度存在差异。如新大样本 1 -9 和武大样本 7 在整个虚拟学习过程中，保持联系和互动，共同完成学习任务，武大样本 7 谈道："她虽然是维吾尔族，但是汉语这些的，没什么障碍，和我交流的也很顺利，伊斯兰教这些好像也没什么影响"；但新大样本 4 -3 和武大样本 10 在进入第 2 阶段后，彼此联系逐渐减少，虚拟学习团队中的学习任务也没有较好地完成，武大样本 10 在步骤 3 中表达了自己的困惑："她很奇怪，一开始还比较热情，后来就总是联系不上，我给她微博留言，QQ、微信、短信什么也联系，她先开始还回说忙，后来也不怎么理我了。中间因为古尔邦节，她说回家联系不方便，后来也不知道什么原因了。"总的来看，数据表明 21.4% 的新大样本认为在整个 3 阶段的微博虚拟共同体学习过程中，武大样本对自己没有任何帮助，至于为何以及具体的差异将在以下的研究发现中得到更多的呈现。

研究对象反馈的文本呈现较为明显的两种趋势，且两种趋势分别属于两个文化群体。绝大多数武大学生认为本次跨文化虚拟学习团队的学习并未明显提高自己的新闻传播专业技能，也并未对自己的专业学习有积极的促进作用。但也并非全无效果，大多数武大学生认为收获主要来自对其他文化群体的近距离接触，如样本 8 认为"增加了民族间的了解，对他们的习俗等传统文化都有所了解，同时在自己的微博作业运营中，有另一个圈子里的人关注，这种感觉还是很棒的"。样本 12 在第二阶段学习过程中，曾提到"与她（样本 4 -5）互动较少……潜意识里觉得这件事过于敏感，不知道怎么处理讲什么"，但学习任务结束时，样本 12 回应道："我觉得（样本4 -5）和我的微博使用习惯差不多，地域和民族特征并不显著，感觉就像是在和武大的一个大四学姐沟通。"这些描述表明，武大学生的收获在于能够近距离地与另一个文化群体的同龄人进行沟通，得到的是更多样的文化知识和刻板印象的松动。

而新大学生则认为，本次跨文化的虚拟学习对自己的专业学习有促进作用。数据表明，71.4% 的少数民族研究对象认为自己有专业学习上的收获：其中，35.7% 的少数民族研究对象认为自己提高了获取、甄别网络信息的能力，28.6% 认为可以开阔视野、增加信息获取，21.4% 认为提高了微博写作能力，此外也有少数民族学生提到可以结识新朋友、了解新媒体运营。如样本 4－4 认为，“能更多地开阔我的视野，从小伙伴那里了解到他所读的书目，对社会各群体有了一些了解”；样本 4－2 则说，“提高了自己的信息获取能力”。

二 跨文化虚拟学习团队的信任形成与维系

在本次跨文化虚拟学习团队 25 天互动学习过程中，14 组 1 对 1 的跨文化虚拟合作伙伴通过研究团队设定的学习任务，呈现基于任务的“快速信任”。随着学习计划的进行，团队成员内部之间的信任关系出现了动态的变化，在信任的两个维度，即在任务层次和情感层次上均有所表现。

（一）基于任务的快速信任

研究者在任务初始阶段，通过深度访谈面对面的交流，向全部研究对象详细介绍本次跨文化虚拟学习团队的背景、目的、任务和意义，在征得研究对象的同意后，才开始进行本次跨文化虚拟学习实验。

综合考虑宗教、性别、性格、专业知识、技能等多种因素后，研究团队对武大、新大的研究对象进行一对一匹配，并要求其通过微博平台建立双方联系。在虚拟团队的初级阶段，团队成员对来自不同民族且未曾谋面的对方，表现出了基于研究任务的“快速信任”。

如在前期与新疆大学研究对象的访谈中，研究者向所有少数民族研究对象介绍了武汉大学及武大的学生。在了解到即将合作的汉族学生同样来自新闻与传播专业后，少数民族研究对象表现出较为积极的兴趣。样本 4－3 在虚拟团队学习任务开始前，谈道：“一对一互动有兴趣啊，内地学生微博学习力度大，在新疆玩微博的人很少。”此外，样本 1－7 在学者提到武汉大学时，表示了较为强烈的认同，“听说武汉大学特别好看，我想知道是不是真的……以前我很想去武汉上大学，但高三才考上三本，又由于自己一些饮食习惯所以最后还是没去”。样本 1－3 在提到自己的参与意愿时，语气轻松地表示“很愿意啊，说不定可以当朋友，以后还可以去武汉看一看”。总体而言，对于即将与来自其他文化背景的同龄人在微博上互相关注、共同学习的计划，研究对象都给出了积极肯定的意愿。

同样的情况也出现在汉族研究对象之中。在跨文化虚拟学习团队任务开始前，研究者向武大的汉族研究对象介绍了新疆大学，并得到了研究对象的支持和回应。如样本 2 提到，“我就是来自新疆的啊，我觉得很有意义……以前都只是在网上了解，现在能近距离接触，觉得很有意思。”在向汉族研究对象提到少数民族不同的文化背景、家庭信仰和风俗习惯时，他们也均表示理解和尊重。

由此可见，跨文化虚拟学习团队的成员在通过微博开始学习任务之前，就从多种渠道（如他人介绍、网络、电视、报纸等）获取过相关的信息，如知道对方的存在，并且依据媒体所披露的信息有了基本的印象或认知；当研究者向研究对象介绍来自另一种文化的人群时，他们均表示出认可与理解。这些认可使得研究者在征求意愿和介绍学习任务时，能快速地得到回应，并由此产生“快速信任”。

这种基于任务的快速信任正是跨文化虚拟学习团队的基础。跨文化虚拟学习团队的学习任务正式开始时，研究对象开始在微博上互相关注，并通过微博私信、电话、微信、QQ 等多种方式进行交流。在实验进行至第三天时，研究者通过电话的方式进行回访。回访表明，截至第一阶段的学习任务结束时，仅两组一对一的团队成员仍然未能建立起有效的互动；除这两组以外，其他研究对象均通过微博等多种方式联系彼此，互相交流，共同开始跨文化虚拟学习团队的学习任务。

（二）基于情感的信任关系

在本次跨文化虚拟学习团队整个互动学习的过程中，团队成员之间也呈现人际关系上的信任，即基于情感的信任关系。

这些基于情感的信任主要表现为，研究对象之间的交流变得更为随意与日常，双方愿意互相讨论学习任务以外的内容，比如生活习俗、自己的喜好、理想、困惑等；部分研究对象在通过互联网社交工具进行跨文化交流的过程中，对话的语气由客气渐渐变得熟悉，由严谨逐渐转变为轻松，如刚接触时，互相称呼对方的全名，随着交流增多，逐渐开始使用昵称。

样本7提到，“在聊天过程中她（样本1－9）告诉我她今后想在电视台从事记者工作，理想的第一工作地点是北京，其次是乌鲁木齐”。样本4与样本1－4之间，则在第一阶段就由微博逐渐转至微信，并在微信上“聊了聊两地的习俗、美食、好玩的”。样本4－4通过QQ给样本11介绍了新疆美食，并配图进行了详细的说明，样本13和样本4－6“有打电话比较深入的沟通一次，聊了学习和生活”。样本5和样本1－7之间可以轻松地“什么都聊一下”。在学习任务结束时，样本7认为自己“最大的收获就是认识了一个十分可爱的新疆小学妹呢……”样本13在学习任务结束后，也提到，“因为对少数民族的不了解，在开始沟通联系的过程中十分谨慎，连表情都不敢怎么用，直到学习的最后阶段通了电话，才发现对方其实很好沟通，和自己没什么差异”。

需要指出的是，深度访谈中，大多数新大少数民族研究样本曾多次提到，在对于新媒体使用的选择上，十分注重自己的隐私与安全。相较于微博这类开放性平台，少数民族研究样本更信赖微信、QQ等封闭或半封闭的平台。以微信为例，样本4－8在谈到拒绝使用微博时说道，“就是不喜欢用微博，觉得还是微信好，比较有信任感和安全感。”样本1－2提到，平时QQ、微信和微博，都会使用，但不管是微博，还是微信，“互动的都是熟人，都互相认识的”，且使用微信的频率更高。由此可见，对于社交平台的选择，少数民族样本多会考虑到安全问题。在新大样本的认知里，更为私密的微信、QQ较微博而言，更安全、更值得信任。因此，新大少数民族样本与武大汉族研究样本在沟通时，使用的社交工具发生了转变，即从微博逐渐转向微信、QQ、电话等，也从另一个侧面证明，跨文化的团队成员之间的信任在逐渐增强。

这些细节共同表明，样本之间的跨文化交流，不仅仅只有学习的内容。部分样本之间，通过深入交流，可以建立更为紧密的联系。他们彼此愿意通过互联网的各类社交工具，分享自己日常生活中的方方面面。这种信息的交换，使得团队成员对彼此的了解得以继续，从而使得虚拟团队成员之间的信任也呈现人际关系的特点。

（三）影响信任形成的因素

在前人关于虚拟团队信任的影响因素研究中，能力、信任倾向、角色合理性、任务依赖性和组织愿景等因素，均有重要影响。

1. 能力

在本研究中，能力意味着团队成员对与自己共同学习的其他团队成员在微博上进行专业学习的能力的认知。

如有武大的研究对象认为，团队内部其他的汉族成员比自己的能力强，“因为觉得他们真的说得好好，作为自己同班同学他们的思想已经比我高出很多，就会觉得好敬佩”（样本 12）。也有新大研究对象认为，其他少数民族成员的能力，与自己相当，如样本 1－3 提到，“感觉大家都用来玩呀”；样本4－8 与样本 1－9 都提到，“会在网上通过微博、QQ 等交流新闻，讨论作业”。

但有关跨文化的团队成员之间，即新大样本对于武大样本能力的认知，却并未明显表现出来。同样的情况也出现在武大样本的认知印象中。对于即将与自己合作的、来自不同文化背景的学习伙伴的能力，研究对象并不清楚。

值得指出的是，在访谈中，有少数民族研究对象认为，虽然同为少数民族群体，生活在汉族人居多的城市中的同学，会更积极主动地在社交媒体上表现自己的能力。如样本 4－4 提到，“内地上大学的同学会发（评论），他们会特别严肃地转发微博加上自己的评论。我觉得这很好，我做不到就不做。他们在内地刷微博，自己的民族被误解了就会去改变别人的看法，但我没有这样”。

由此可见，本研究中，研究对象对于团队内其他成员能力的认知，呈现多样性和不确定性。

2. 信任倾向

所谓信任倾向，意指研究对象对于虚拟团队内部其他成员是否信赖的倾向。虽然人们在信任他人的一般倾向性上存在个体差异，但在本研究中，仍然呈现较为明显的特点。

首先，由于武大研究对象来自同一个班级，互相之间早已认识，因此在本次微博虚拟学习计划开始之前，武大研究对象之间彼此认同，已有信任的基础。同样的情况也出现在来自同一个班级和学校的新大研究对象之间。

其次，总体上而言，新大研究对象较武大研究对象而言，在社交媒体上的交流与表达，表现出更为谨慎的态度。以微博平台为例，武大研究对象会积极主动地接触新闻传播行业内的记者、学者等陌生人，依据自己的兴趣对微博内容进行转发与评论；而新大研究对象更愿意与自己熟悉的人在微博上互动，大多数情况下“只看不评”。如样本 4 －7 对于自己在微博上很少发言的解释是，“微博上任何人都可以关注我，觉得那样不太好。我感觉变得没有隐私……不像 QQ，感觉微博比较杂”。

最后，在信任倾向上，新大少数民族研究对象之间，同样呈现差异性。大多数少数民族样本采用较为谨慎的方式建立信任关系，但仍有个别少数民族研究对象，表现出开放的态度，乐于在微博等公开平台上发表自己的私人信息，如自拍、地理位置等（样本 1 －3），关心来自陌生人的评论与关注，积极主动地与陌生人在微博上互动。

3. 角色合理、任务依赖和组织愿景

在本研究中，研究团队并未设置不同的角色，所有研究对象角色一致；但由于学习任务的设置，在具体的跨文化虚拟学习交流过程中，尤其是虚拟学习的第二阶段，研究对象之间表现出汉族学生主导、少数民族学生参与的趋势。如样本 7 谈到，“建议只是在一两次我主动询问她（样本 1 －9）时她提出来，她并没有主动参与到微博的创意运营中”。类似的情况出现在多组跨文化的团队成员之中。完成学习任务的过程呈现汉族学生敦促少数民族学生给予建议、参与学习计划的趋势。

同时，由于每一阶段学习任务都要求双方合作完成，跨文化的虚拟学习团队成员之间，理应存在较强的任务依赖性，即新大学生与武大学生必须彼此依赖，才能合理完成所有的学习计划。但这种任务依赖性，在非一对一关系的组员之间很低，且新大少数民族样本较武大汉族样本更低。如研究者观察到，少数民族学生几乎很少与小组以外的成员在微博上进行互动。汉族学生之间，偶尔会有一些互动，但都建立在兴趣的基础上，如样本 6 在访谈中提到，“和小桥（样本10）经常有互动，跟另外的同学可能有些感兴趣的话题就讨论一下，并没有太多的参与”。至于非一对一关系的汉族成员与少数民族成员之间则几乎完全没有依赖性。

在本研究的虚拟学习计划正式开始前，研究团队和武大、新大的任课教师一起，向研究对象分享了此次虚拟学习的目标和愿景，希望借此机会，促进双方的认识，借微博等社交工具提高自己的专业能力。

但需要指出的是，本次跨文化的虚拟学习任务，并非研究对象所必须完成的学习课程，其愿景不具备强制性。如样本5在跨文化虚拟学习计划结束后的总结中写道：“感觉双方都不清楚这次活动的性质和意义。”而样本4在提到“新大少数民族的小伙伴不够积极”时，则建议“对他们也应该采取强制性措施，如果不强制的话，他们就不太会当回事，也就不会积极地投入进来”。由此可见，这一组织愿景虽然得到了所有研究对象的认可，但是否能得到其认同并促使其完成任务仍需探究。

（四）跨文化虚拟学习团队的互动

已有研究表明，由于语言、沟通模式、文化价值取向等差异，跨文化团队成员间的互动较同种文化下会面临更多的困境；通常而言，跨文化的双方之间较难实现有效的双向沟通。但在本研究中，新大、武大研究对象必须进行双向沟通行为才可有效完成虚拟学习团队的学习任务。在整个互动过程中，新大、武大的团队成员之间，既表现出了合作行为和创新行为，也表现出冲突行为。

1. 合作行为

新大、武大研究对象为达成三阶段的学习目标，在微博等社交工具上互相帮助、交换意见，尤其在第二阶段“微博创意运营”学习计划过程中，跨文化团队成员通过互相交流后，合作进行微博运营的内容生产。

如样本9和样本4－2在讨论如何将微博内容编辑得更有吸引力时，样本9“通过短信询问她（样本4－2）我的内容是否对受众有吸引力，有什么好的建议”，样本4－2指出，“内容还行，就是看起来有点像做广告”，在得到这样的评价后，样本9“积极地调整了微博内容”，认为这些建议对于自己“微博内容质量的提高很有帮助”。样本6通过样本1－8提供的详细信息，在微博上介绍了古尔邦节[①]，他认为“小伙伴（指样本1－8）对古尔邦节的介绍很详备，而且帮我修改了博文，所以完成得较好”。样本4－5去新疆当地的餐馆拍下古尔邦节期间的美食，并通过QQ将照片发送给样本12，随后与样本12经过讨论后，在微博上发布介绍古尔邦节美食的内容。而样本12在微博上发起竞猜活动时，也能看到“她（样本4－5）几乎每次转发并参与到竞猜的过程中”。

在微博上对内容进行运营时，跨文化的团队成员之间同样存在合作行为。样本9“发的大部分微博都有艾特（@）对方（样本4－2）”。对于这些微博内容，样本4－2表示回应，“赞过两篇，转发过六篇”。虽然样本9认为样本4－2“没有提供素材，转发也很少带有自己的评论和建议”，但从双方互动的角度而言已经完成了多次合作。

令研究者感到惊喜的是，极少数研究对象之间，对于内容生产与内容运营进行了较为深入的沟通与合作。如样本11在第二阶段学习任务中，选择进行微博运营的主题是“少数群体”，样本4－4在样本11提到疯子、非主流、寄居者等后，认为“乞讨者”这一群体同样值得关注，“在新疆所有的城市里都有好多乞讨的人，他们都形成了一个有组织的群体，有幕后的领导者，乞讨者年龄从小到大……”，样本4－4表示赞同，“我觉得可以，一开始想做一无所有者，一无所有这个词来自赫塔缪勒的《我所拥有的我都带着》，后来想肯定很多人不了解这个词的背景，会觉得一无所有者是一个夸张的主观的帽子，我觉得拆开来（单独做乞讨者）的话，也是可以的”。

由此来看，研究对象间确实能够进行双向沟通，合作完成学习任务。

2. 冲突行为

在对冲突行为进行界定时，学者达成一致共识，认为冲突行为是一组整体表现，既包括争议，也包括互相挑战和启发。跨文化虚拟团队成员之间的

---

① 古尔邦节（拉丁文 Eid Adha），又称宰牲节、尔德节。古尔邦节与开斋节（肉孜节）、圣纪并列为伊斯兰三大宗教节日，时间为伊斯兰历12月10日。本次跨文化虚拟学习实验进行于2014年10月1日至10月25日，而2014年古尔邦节刚好是10月4日。此外，新大研究对象在进行面对面访谈时，也向研究团队简要介绍过古尔邦节，他们认为每年与家人一起过古尔邦节，与汉族人过春节类似，是十分隆重的节日庆典。

争议，若能得到较好处理，反而能促进双方之间的合作，提供新的想法。因此冲突行为有其存在的价值与必要。在本研究中，冲突行为主要表现为单方面的沟通和对学习任务的回避。

单方面的沟通，是指汉族研究对象在微博等社交媒体上不能快速地得到少数民族研究对象的回应。如样本 9 在谈到本次跨文化虚拟学习计划所面临的困难时提到，“交流中能感觉出对方对于本次活动不是很积极，我也就比较消极地对待本次活动”。在焦点小组访谈时，样本 2 认为得不到回应让自己有挫折感，“我们这么久就只联系过一次，她说，‘好的，希望我们合作愉快’，然后就没有然后了”。在询问是否有积极主动地尝试进行更多交流时，样本 2 提到，自己曾打电话询问过，但也并未改善这个现状，随后样本 2 提到“他们比较封闭，他们本来人就少，受教育的也少，不太愿意这种（跟陌生人在网上互动）”。而样本 11 虽然与样本 4－4 顺利实现双向互动，但样本 11 认为“学姐（指样本 4－4）的回复是有很长延迟的（可能是为节日忙碌和时差的原因），快则五六分钟内回复，慢则好几个小时甚至大半天，使得一些话题的交流与讨论进行得不太顺利，很多话题都无法进行很热烈、很流畅的交流”。

面对沟通时少数民族的团队成员回应较为被动的情况，汉族的团队成员多采用“等”的应对方式。如样本 13 提到，“她（样本 4－6）准备考研，挺辛苦的……我又是性格上比较软的人，不会去催啊，强迫啊，就躲在屏幕后面干等”。因此，当少数民族研究样本彻底不回应时，整个跨文化虚拟学习任务就无法完成。如样本 10 在第二阶段学习任务开始后，彻底与样本 4－3失去联系，对于这种冲突，样本 10 认为“（自己）比较积极地联系了小伙伴，但是还是没有达到互动和学习的效果，因为小伙伴没有任何回复”。同样的情况出现在样本 1－2 和样本 2 之间，样本 2 在通过微博、短信、电话等多种方式尝试建立联系后，均未能与样本 1－2 之间形成有效的双向沟通，“正常的交流都没有实现”，面对这种情况，样本 2 认为“主要原因还是她没有从微博上获取信息的习惯，两个人之间存在民族、生活地区的隔阂，感觉她对这个活动完全不感兴趣”。

冲突行为也表现在团队成员对学习任务的回避上。虽然跨文化的团队成员之间通过微博、微信等社交媒体能够顺畅地进行双向沟通，但部分团队成员之间的沟通多在日常生活层面，涉及学习任务的双向沟通显得非常难得。如样本 8 在访谈时提到，“她同意加入我的创意运营计划，但只是说好，却没有动静，感觉她用微博很随性，很生活化”；样本 5 面临着同样的难题，“她（样本 1 - 7）会主动找我聊，发发照片什么的，每天都有联系，但是要是谈论到学习任务相关的，她就只会说好的，但又没有实际行动”，在微博上也经常互动，“但是并没有太多与学习相关的实质内容”。样本 14 在提到与样本 4 - 7 之间的互动时，讲道“我给她发国庆快乐，她秒回，但是问她开微博了吗，她就不理我了”。

这些被动与回避其实也带来了一种认知冲突。大多数汉族研究对象认为少数民族的团队成员不够配合，即使是顺利实现双向互动且共同合作进行学习计划的汉族学生也认为少数民族学生表现被动，让人无可奈何。如样本 10 谈到学习过程中与样本 4 - 3 的交流时，“感觉整个学习她们那边都是比较被动的”；样本 7 认为样本 1 - 9 对自己感兴趣的内容比较主动，但对学习任务式的合作“感觉她在整个过程里比较被动”，也会在学习任务结束时，讲道“她不会主动找我交流、微博私信回复较慢”。样本 11 在最后总结时，甚至认为自己十分疲倦，如他所述，“跟学姐交流了不少，但最后在创意运营中实现的寥寥无几。双方在这个阶段的积极性都相当缺失，每次交流我都感到比较疲倦，觉得这是一项任务，因为我不联系学姐，学姐就不会联系我，学姐不积极也一定程度上影响到了我”。

这些现象都表明，本次跨文化团队成员共同完成学习目标时存在冲突行为。

3. 主动创新行为

本研究中，主动创新行为意指跨文化虚拟团队的成员，利用各种资源主动获取、分享创造学习成果，如提出新的角度进行微博运营的学习任务，在微博上发布与学习任务相关的原创内容等。

纵观整个微博平台上的学习任务完成过程，主动创新行为主要表现在三个方面：第一，学习任务讨论，即通过多种社交工具，互相交流对学习任务的想法和意见，给对方提供新的想法。如样本 1 - 9 在和样本 7 提到自己喜欢的杂志《红秀》[①] 时，给样本7的微博内容运营提供了新的视角，正如样本7自己所说，“从这次聊天我知道了她很喜欢看《红秀》，觉得《红秀》中的街拍很好看，正巧我第三阶段运营内容是武大校拍”。

第二，微博内容生产与运营。如样本4-4和样本11、样本1-4和样本4以及样本1-9和样本7都表示，经过讨论后共同完成了第一阶段要求的在微博上发布影评的学习任务，双方就自己喜欢的电影发表长微博；同时在第二阶段的内容运营过程中，合作完成运营微博的写作，并进行转发和推广。如样本7在微博上发布自己对于电影《心花怒放》的感触后，@样本1-9“最近有看什么电影可以分享吗?”，样本1-9在微博上回应道：“看了《美女与野兽》，虽然是从小就熟知的童话故事，但可能因为长大了，真人版的美女与野兽给我的震撼更大，感触更深呢，越发觉得爱情太伟大了。”

第三，微博分享与互动。团队成员在微博上发表自己的意见时，会得到其他团队成员的回应，如点赞、转发等。但跨文化的团队成员之间，少数民族研究对象似乎更多时候仅表现为点赞和转发，较少主动发表评论。如样本11对样本4-4的影评《沙漠之花》[②] 进行了转发并评论道：“非洲是世界秩序的被牺牲者，非洲人民的生死，是媒体的一个数字。超模能拯救非洲?不能！但华莉丝·迪里在尽力让更多的人知道这秩序，这数字。我们也是。”根据后期样本11在访谈问卷中的截图，样本11的这则微博阅读量6249，转发量7，评论量11，点赞量6。[③]

在主动创新行为的互动过程中，呈现出较为明显的两个特点，分别是兴趣导向和合作产出。所谓兴趣导向，即在利用微博进行专业学习时，跨文化的团队成员之间，无论是有效的讨论还是最终输出结果时，所谈论的内容都能符合双方的兴趣点。而合作产出则意味着这些主动创新行为都基于顺畅的合作行为，冲突行为并未启发团队成员产生任何学习成果。

---

① 《红秀》是国内女性时尚杂志，双周刊，报道与女性相关的时装、美容、娱乐资讯等内容。

② 《沙漠之花》，电影，外文名 *The Desert Flower*，2009年在英国上映。影片改编自索马里黑人模特华莉丝·迪里的自传体畅销书，讲述的是一位黑人姑娘华莉丝走出索马里沙漠，最终成为世界顶级名模并致力于妇女解放事业。

③ 该微博发布于2014年10月4日，数据统计于2014年10月30日。

4. 微博适配度

在本研究中，跨文化虚拟学习任务通过微博平台进行，因此团队成员与微博之间的互动同样属于虚拟学习团队的互动行为。这里将这种互动称为微博适配度。前期的问卷调查表明，新大、武大研究对象在虚拟学习计划开始前就都已经了解微博、使用微博，但在微博上的使用偏好和使用习惯存在差异。

首先，研究对象的微博使用在整体趋势上存在差异。总体而言，武大汉族研究对象对于通过微博进行专业学习，较新大少数民族研究对象而言，表现出更为开放和主动的态度。在跨文化虚拟团队的学习计划开始前，就有部分武大的研究对象已经在微博上收集、发表过与新闻传播专业相关的内容，也有个别样本与学界、业界的微博大 V 进行互动，如样本 12 讲道："在我微博上推了一个，但也跟网络传播这个话题有关的那篇文章，就是关于参差计划那篇文章[①]，那个反正跟一些记者还有参差计划来的那些比较核心的成员，……参差计划已经消失了，但是那些人还在，跟他们会有互动。"样本 6 则认为，在微博上可以更舒适地表达观点，当研究者问及是否愿意积极主动地就专业学习问题发表意见时，他说："我更倾向在网上表达，我可能还是有些内向，在课堂上还是有些内向。"与样本 12、样本 6 类似，大多数武大研究对象对于在微博上进行新闻传播专业的学习，表示较为肯定的态度。

新大少数民族研究对象在使用新媒体进行专业学习时，则表现出不同的趋势。大多数新大研究对象提到自己在微博上"只看不评"（样本 1－8、样本4－2等），也几乎不会主动与微博上的陌生用户进行交流。日常微博使用中，更多关注生活、娱乐、明星等内容。如样本 1－3 虽然是手机重度使用者，但"对于网络新闻基本不看，也不会看国家领导人怎么样，就只会看一些好玩的，我就喜欢看犯罪类，或者张柏芝、王菲（娱乐相关的）"。在

① 参差计划（Cenci Journalism Project），2011 年创办，是中国内地首家以跨语言的全球视角持续关注边缘议题的新媒体，影响人群覆盖 400000 人；拥有超过 400 位来自全球的志愿者，关注全球 54 个不同语种的媒体报道，2014 年 7 月 14 日参差计划终止。需要指出的是，访谈中样本 12 提及的这篇参差计划的文章，是指样本 12 和其同学一起，对参差计划的核心成员进行采访并写出采访稿，随后样本 12 将这篇采访稿发布在微博平台。

访谈中，有部分新大研究对象认为在互联网上的发言应该谨慎，讨论学习问题时更多是在线下或利用 QQ、微信等私密性较高的社交工具。如样本 4－7 在提及几乎不在微博上发表评论时说道："不评论，不太会表达自己的意思，怕说了不该说的话。"样本 1－9 也认为"微博上朋友间互动很少"，在研究者问及在什么网络产品上跟朋友互动比较多时，她说："经常微博上看到信息，转而到微信上聊。"

武大汉族研究对象与新大少数民族研究对象在微博适配度上的这种差异趋势，存在于整个跨文化学习计划过程中，且能被跨文化的团队成员所感知。如样本 6 认为，"少数民族小伙伴似乎不太喜欢在公开的社交平台发表意见，他们更喜欢私密交流一些，在和小伙伴交流时了解到他们更喜欢用微信。"样本 5 说："微博是适合的，但对方的态度并不是很积极，可能是宗教关系吧。每次叫她发微博，她都表现得很困扰，之后也就不好意思叫她发微博了。"

其次，微博适配度的差异同样存在于个体之间。新大研究对象中存在个别积极的微博使用者。如少数民族样本 4－2 曾提到，微博上关注的对象有 250 个，对于微博上关注的内容，她"会关注一些什么新闻，各报社呀。因为我选择新闻专业才关注的，不然我也可能不会关注"。对于陌生人给自己的评论，也会"看他们写一些能回复的我就回复"。同时，武大研究对象中也存在个别对微博兴趣不大的使用者。如汉族样本 5 提到，"（微博）在以前只用了一两天就没用了，当时觉得好奇，但是之后没兴趣就没再用"，学习任务开始后才重新又开始使用微博。

由此来看，在本次跨文化虚拟学习团队的学习计划中，微博适配度在最初便存在差异。随着学习计划的进行，在微博平台上实现学习目标、发布学习成果则直接体现了研究对象对于将微博作为学习工具的适应程度。上述合作行为、冲突行为和主动创新行为都体现了，在学习任务进行过程中，微博适配度依旧存在较大的差异。

三　信任、互动及跨文化虚拟共同体效果间的联系

当文化因素在虚拟学习团队中发挥重要作用时，团队成员间的信任与互

动呈现与以往研究不同的特征。在对本次跨文化虚拟学习团队的信任建立、互动行为及学习效果进行分析后，发现：①跨文化虚拟学习团队的成员之间，在建立与维系信任关系时是一个动态的过程，因受到多种不同因素的影响，成功建立良好信任关系的跨文化成员较少；②本次跨文化的团队成员间互动行为比较多样，冲突行为多于合作行为，但只有合作行为的成员才有创新行为；③跨文化学习的目标达成依赖于合作行为和创新行为，但跨文化学习的效果却与微博适配度呈相反的趋势。

1. 多种因素共同作用于跨文化成员间信任的建立

在新大、武大研究对象共同完成学习任务的过程中，跨文化的成员之间，信任的形成过程在任务及情感两个层面上均有体现。初始信任在共同的学习任务的基础上快速建立起来，这使得成员之间能够在微博上建立最基本的社交关系。随着互动增加，双方对彼此的了解增加，不确定性减少，跨文化成员之间的信任也逐渐在情感维度有所体现，且这种情感层面的信任促进了信任的加深。

但不论信任程度如何，只有实现双向沟通才能使得信任得以继续。通过比较本研究中实现双向沟通与仅进行单向沟通的团队成员，发现良好的双向沟通受到以下因素的共同影响：信任倾向的程度、微博使用的偏好、对共同学习的团队成员的能力认知等。但在本次实验中并未过多涉及团队成员角色分配、任务依赖和组织愿景这些因素，因此很难判断其影响。

总体而言，有效形成信任基础的跨文化团队成员所占比例较低，主要原因在于双向沟通未能有效建立起来。而沟通的无效，也受到多种因素的影响。如本次实验第一阶段所处时间正处于国庆假期及古尔邦节假期中，因此大多数武大学生外出旅游，而几乎全部的新大学生都回家过节，这就使得团队成员在学习计划的初期阶段很难保证学习任务的完成度。此外，由于多种原因，新疆的网络基础建设不够发达，许多新大研究对象在古尔邦节期间回到地处小县城甚至乡村的家中，网络服务不够发达，甚至有些地方根本无法连接互联网。网络环境和基础设施的缺位使得部分少数民族研究对象无法及时上网与武大研究对象互动。这些都可能会阻碍跨文化的团队成员在初始阶段未能专注其中。

由于本次跨文化虚拟学习实验并非专业课程所必须完成的学习任务，因此学生自己拥有极大的自主权。虽然在学习计划初期研究团队的组织愿景得到了认同，但具体实施全凭学生自己。在以上多种因素的影响下，成功形成良好信任关系的团队成员比例较低。

2. 跨文化虚拟学习团队的互动行为：冲突多于合作

在本次跨文化虚拟学习团队的实验中，跨文化团队成员之间表现出丰富多样的互动行为，既存在有效的双向沟通行为，即合作行为、创新行为，也存在冲突行为，导致双方无法形成有效的互动进而合作完成学习任务。

冲突行为在本研究中主要表现为双向互动受阻，即武大汉族研究对象试图建立联系，而新大少数民族研究对象不予回应。需要指出的是，这种不回应并非发生在跨文化学习的初始阶段，而是多发生在学习计划实施的过程之中。基于任务的快速信任使得几乎全部的跨文化成员通过微博实现了初步接触，他们在微博上互相问好，介绍自己。但并非所有的跨文化组员之间都能继续保持联系，建立深层次的信任。沟通中断后，学习任务也无法再继续下去。这种冲突行为以一种回避、沉默的方式呈现出来。因此这种冲突行为没有交流，没有碰撞，也没有创新。

激烈的冲突或能带来启发的冲突在本研究中并没有出现。在对研究对象的合作行为进行更为细致的观察时，研究者发现不同文化群体对对方的行为有着完全不同的认知。因此虽然微博上的互动、微信或 QQ 中的交流表明跨文化的成员在进行着学习任务上的合作，但实际上成员自己对这种合作并非十分满意。汉族研究对象在问卷访谈中曾多次提到少数民族研究对象的被动，即使是出现合作行为、创新行为的跨文化成员之间，汉族成员也认为少数民族成员在共同完成学习任务的过程中不够配合。少数民族研究对象则更多以一种谦逊、委婉的方式表达自己的意见，且这些意见通常都十分简短，更多时候意见本身都是在表达对汉族成员的支持和赞赏。极个别情况下出现过少数民族成员与汉族成员之间意见不同的情况，但此时双方都会各退一步不再讨论。这就导致合作行为并未到达更深的层次。

因此，在本次跨文化学习的过程中，合作行为、冲突行为和创新行为都存在，且冲突行为最多。冲突行为多表现出沉默和礼让的特征，因此并未有任何启发或创新的学习成果出现。合作行为与创新行为虽然少于冲突行为，却在本研究中发挥了极其重要的作用。无论是从学习任务完成的角度，还是从松动对他种文化群体的刻板印象的角度，基于双向沟通的合作行为、创新行为都发挥了作用，体现了本次跨文化虚拟学习团队的现实意义。

3. 跨文化学习效果与微博适配度

在本研究中，跨文化的学习效果主要从学习任务的完成情况来进行考量。通过分析新大样本与武大样本的访谈发现，不同的文化群体在本次跨文化虚拟团队学习计划中的学习效果有着较大的差异。

首先，从学习任务完成的角度而言，武大研究对象明显高于新大研究对象。虽然在学习计划中，研究团队要求必须由跨文化的团队成员共同参与，但在实际操作过程中，由于部分新大研究对象的“沉默”，与其合作的汉族研究对象单独完成了各个阶段的学习任务。需要说明的是，本次学习计划对于武大研究对象而言，是其所修的专业必修课中的一个环节，因此对于武大学生而言本次学习计划具有强制性。但对于新大学生而言，是否参与完全由其主观意愿所支配。

其次，从所得到的收获而言，新大研究对象又明显高于武大研究对象。多数新大研究对象认为自己虽然参与不多，但专业能力得到了提高。通过微博辨别信息、收集素材、运营内容等，都是新大研究对象在总结时认为自己获得的收获。武大同学却认为，由于互动不够频繁，即使自己完成了学习任务所规定的内容，仍然没能从中获得专业能力上的提高。

最后，从效果与互动行为的角度而言，跨文化学习的目标达成依赖于合作行为和创新行为；但跨文化学习的效果，却与不同的文化群体的微博适配度呈相反的趋势。即微博适配度较高的武大研究对象，认为自己本次跨文化虚拟学习过程中并无太多与专业学习相关的收获；但微博适配度较低的新大研究对象，却对本次跨文化虚拟学习计划给予了积极的评价，认为自己的专业技能、专业知识等都得到了提高。

但令人欣喜的是，纵观本次跨文化虚拟学习实验的全过程，除学习目标达成、跨文化学习效果得以实现以外，跨文化虚拟学习团队带来了更多文化层次上的促进作用：本次跨文化虚拟学习团队试图为处在多元文化环境中的大学生提供更多对话、互动的空间。

如对于武大研究对象而言，这是一次近距离接触少数民族大学生的机会；对于新大研究对象而言，同样是与他种文化中的同龄人进行学业、生活等交流的机会。虽然从学习成果输出的角度而言，实现学习目标的跨文化成员仅占28.6%，但有超过70%的成员之间实现了双向沟通。交流既有日常生活的闲聊，也有专业学习的讨论，让跨文化研究对象中的双方能够近距离接触更为真实的个体，从而去慢慢消解认知中早已不合时宜的刻板印象。

4. 跨文化成员间的团队信任：文化、个体差异明显

虚拟学习团队通常以共同目标的达成作为主要衡量标准，但在本研究中，由于文化的因素，跨文化团队成员在虚拟平台上互动时，表现出更为多样的特质。仅以学习目标是否达成作为跨文化虚拟学习团队是否有效的依据就略显不足。已有研究表明，文化与学习之间关系密切，文化和民族特性对学习的影响要比社会阶层的影响大得多。（Hollins E. R.，King J. E.，Haymen W. C.，1994）虽然不同文化影响下，学生会表现出不同的学习方式，但并不意味着，学习方式有好坏之分。（萨默瓦、波特等，2013）当具有不同学习方式的研究对象通过互联网聚集在一起时，就会产生丰富多样的互动行为。

现有关于团队信任的影响因素研究，已涉及能力、信任倾向、角色合理性、任务依赖性和组织愿景等多种因素。但在本研究中，文化因素及个体性格因素对信任建立的作用，较其他因素而言，表现得更为明显。

本研究有效建立深层次信任关系的跨文化成员中，既有信任倾向较低的少数民族样本，也有信任倾向较高的汉族成员；在未能持续形成信任关系的跨文化成员中表现出同样的特点。由此来看，在本次跨文化的团队互动中，信任倾向并未直接促进信任的建立与维系。同样的情况也适用于能力这一影响因素。

而文化与样本的个体特质，在信任建立与维系的过程中发挥着更为重要的作用。在文化层面上，研究对象中信奉伊斯兰教的少数民族样本，其宗教信仰影响其表达方式，使其在互联网上的社交行为更为谨慎。虽然他们并不排斥与陌生人相识，但对学习方式的陌生使得他们无法在快速信任之后继续将学习融入互动之中。

个体特质则是指个人性格影响其在本次跨文化虚拟学习实验中的态度与行为，这包括研究样本的学习主动性、表达欲等。在非强制性的学习环境下，研究样本的自主学习意愿会直接影响其对待同样的学习任务的态度。一些研究样本具有十分强烈的自我学习驱动力，因此他们在面对其他文化的学习成员时，表现出更为强烈的主动性，比如积极探讨、寻找共同兴趣点，并根据大家兴趣相同的内容进行合作，从而互相促进、共同学习；但也存在一些样本自己的学习意愿并不强烈，遇到另一个被动的学习成员时，两者之间很容易就失去联系。一旦无法沟通，跨文化成员间的不确定性就会增大，甚至给双方带来焦虑、猜测和怀疑，也就无法继续深入交流形成信任关系并互相合作完成学习任务。

总体而言，在跨文化的成员之间进行非强制性的学习任务时，信任的建立必须依赖于有效的双向沟通。而是否能形成更多、更顺畅的信息交流，又更多依赖于跨文化的研究对象各自所秉持的学习方式是否契合，以及团队成员各自对于学习的自我驱动力是否强烈。因此在本次跨文化虚拟学习的过程中，研究对象呈现出较多的个体差异，这种个体差异直接影响着信任的建立和任务的达成。因此跨文化成员之间信任的建立，不仅受到能力、信任倾向、组织愿景等多种因素的影响，同样还与文化、个体特质等因素紧密相关。

5. 跨文化虚拟团队的信任、互动行为及学习效果间的关系

在有关虚拟学习团队的研究中，许多量化研究证明信任可有效促进团队间的互动行为，从而有效促进团队的创新。但在本次跨文化虚拟学习团队的研究中，跨文化成员间的信任关系并未保证专业学习任务的有效进行。

对研究对象的行为进行观察后，可以发现虽然本次学习计划是在微博平台上进行，但研究对象所熟悉的学习方式仍然受到各自文化所影响。新大多数研究对象没有在微博上讨论学习情况的习惯，他们认为学习更应该用较为私密的社交工具进行。而武大的绝大多数研究对象，对于在互联网上进行新闻阅读、评论发表等行为，十分习惯。因此尽管部分成员之间建立了有效的信任关系，并在此基础上进行顺畅且深入的对话，但却并不能持续地共同学习。这表明信任对于任务完成的促进作用，受到文化影响下的学习方式的影响。

其次，文化同样影响着跨文化团队成员的网络使用偏好。如对于少数民族研究对象来说，微博的使用更多是一种信息获取的工具，而非表达、交流或学习的工具。部分原因在于少数民族研究对象对与陌生人交流这件事表现出较为谨慎的态度，微博则是基于陌生人的社交，这就使得少数民族研究对象在通过微博平台表达自己时不会太主动。而当少数民族研究对象需要在互联网上进行深入、私密的交流时，他们通常会使用 QQ、微信这类基于强关系的社交平台。因此在本研究中，部分研究对象自发通过 QQ、微信等其他社交工具进行交流。

本次跨文化虚拟学习研究中，微博作为信息获取和成果展示的平台尤为便捷，但并未很好地保证跨文化成员之间进行频繁、深入的交流。从跨文化互动的有效性和学习任务达成的角度来看，跨文化团队成员之间必须保持一定频率和深度的交流才有意义。因此基于有效交流的合作行为、创新行为产生了团队成果，而沉默的冲突行为则未有任何贡献。这为后续研究提供了借鉴意义，即跨文化虚拟团队进行技术系统的选择时，也应着重考虑文化因素。

第五章
离散族裔的跨文化身份认同

在全球化潮流和新通信技术的支撑下，以移民、流亡者和外籍劳工等群体为主体的离散族裔在全球范围内建构超时空的新的共同体，这些处于双重甚至多重文化空间之中的群体是跨文化传播研究的重要对象。其中，身份认同是核心的问题，涉及对世界格局差异，文化的分裂、冲突与融合，族群的迁徙与共生的反思。

在以互联网技术为基础所形成的网络虚拟空间中，离散族裔暂时脱离了地理的局限，建立和维护族群的共享文化和身份认同，穿梭于现实和虚拟、本地和故国的文化空间，追寻新的意义和共同体的建构。值得注意的是，无论是身份认同还是共同体的建构都不是任意的，而是围绕被历史和地理所决定的社会材料构筑起来的。

一　美国华人共同体及其身份认同的变迁

（一）美国华人共同体：从在地到虚拟

与全球化趋势相联系的日益增加的流动性，使民族/国家共同体处于压力之下。如德朗蒂（Delanty，2003）所说，“全球沟通方式使得新的个人网络化共同体成为一种可能，但这种共同体还不能抗拒全球化的力量，也很难替代地域为基础的组织”。

随着全球化的扩展和新通信技术的普及，在基于网络技术建立起的虚拟空间中，人们跨越时间和地理的界限建立起全球性的连接，人与人之间、群体与群体之间联系和交往的纽带已经不再受到传统的血缘和地域的局限，传统形式的共同体，特别是那些基于国家、地域、民族的共同体，似乎受到了威胁。

另一方面，原始意义上的共同体概念不断瓦解的同时，它又不断被嵌入到新的语境中而获得重构，如文化共同体、经济共同体、学习共同体等越来越多地进入视野。不同于血缘共同体、地缘共同体等原始意义上的共同体，他们在更大程度上取决于后天的建构。

在一个流动的世界，网络的世界，一个图像拼凑的世界，意义错乱的世界里……人们将会抗拒个体化和社会原子化的过程，而更愿意在那些不断产生归属感、最终在许多情况下产生一种共同体的、文化的认同的共同体组织中聚集到一起。（Castells，2006）

“华人共同体”代表着华人群体的共同利益，具有一种血脉相通、休戚与共的关系，它在形成和发展的过程中，反映了各种民族、国家和文化之间的矛盾，也在社会浪潮的变迁中不断更迭。在此，将主要考察美国华人共同体的变化，但因其多样性、长久性，对其他地区的华人共同体同样有重要的借鉴意义。

早期到美国的华人由于人生地疏、语言不通，无论是个人生存还是社会交往的需要都促使他们集体聚居，地缘、血缘、政治、经济因素成为共同体建立的重要依据。这些传统的共同体的形成主要有四个特征：①地缘、血缘、社会地位、专业分工、政治党派等相对客观和稳固的因素是共同体形成的核心凝聚力。②在此基础上建立的正式的机构组织及其与成员之间的联系、互动是共同体存续的重要形式。③不同的共同体之间存在交叉和演化，而非绝然对立的关系。④这些共同体的活动局限于特定的区域，缺少与其他群体的互动和协作，对其他地区和国家的影响也微乎其微。

以“美东福建同乡会”为例，它创建于 1942 年，由福建旅美乡亲组成，建立初期作为闽侨的坚强靠山，经常出面为乡亲的权利据理力争，也因此将来自福建的华人群体紧密联系，形成相互依靠和支持的地缘性共同体。20 世纪中期以后，“美东福建同乡会”逐渐发展成为纽约华人社会中的重要政治组织，其服务对象也不局限于闽侨，尤其是在 90 年代中期主席黄启成兼任纽约华人社会联合会主席后，积极带领纽约市和美东各侨团参与各种中美社会事务，包括庆祝香港回归大游行、支持纽约下城医院“社区保健计划”等，通过政治参与凝聚华人社会力量，努力提升华人在美东尤其是纽约的社会地位。

此外，基于社会经济和专业分工的“中华总商会”“女服工会”，基于血缘关系的各种宗亲会，基于政治党派的“同源会”，以及以社会下层分子为基础的各种帮会，都是早期美国社会中华人共同体的重要组织形式。

进入21世纪以来，新媒体技术扩散到全球信息系统中，为不同文化中的公众提供了一种全新的交往平台——“虚拟共同体”，并通过不同的“虚拟共同体”的拓展和彼此接入建构了虚拟社会。

美国华人的身份认同和文化生活也随之发生了变化。一方面，华人共同体生活行将消失，在当地出生和受教育的年轻人通常选择同化并试图成为“无形人”，以求获得平等的权利和地位；然而，与在中国的亲人朋友的牢固联系又唤起了某种中国情结。在这种拉扯之中，“中国以外的华人最终不得不选择回归以经常地分享中国国内发生的变化，或永远地留在中国以外而与区域性和特定实践的外部挑战作斗争”（王赓武，2016）。

在这种新的趋势下，美国华人共同体出现了以下一些新的特点。

首先，美国华人日益整合进全球华人之中，并通过有效的联动强化族群认同，临时性地建构起超越地理界限的、虚拟的“全球华人共同体”。借助新媒体技术的发展，认同感的建构不再局限于人际生活圈子和面对面互动的微观情境中，网络放大了意义的建构空间，它可以将各种各样的华人团体联络到一起，缔造了不苛求“共时”和“在场”就能感知“彼此共享命运”的共同体。

无论是缘起中国的“保钓运动”，还是发生在美国的华裔警察 Peter Liang 事件，美国华人的行动基于对族群身份认同的认知，同时又反过来影响其认同和共同体的建构。当前的跨国社会运动并不局限于从本土向全球的扩张，同时也出现了一种文化内化的趋势，如杨国斌所说，1998 年抗议印度尼西亚对华裔施加暴力等事件反映了共享语言等文化因素成为人们所关注的问题，因而“使跨国的中国文化领域成为可能”（杨国斌，2013）。

其次，组织机构在族群的凝聚上依然发挥着重要的作用，但是个人的自主性得到凸显，意义不再稳固，共同体的交叉和变动也变得更频繁和灵活。新媒体技术催生了“个人化传播”，它既包含个人化的表达框架，也强调了个人化的传播技术带来的便捷。“人们依旧参加人数众多的行动，但其身份

/认同则来源于具有包容性的、意涵丰富的大规模个人表达，而不是来源于意识形态认同或组织认同。”（Barnett & Segerberg，2012）在此基础上建立的共同体，也相应地具有了更多个人化、灵活性的色彩。

（二）美国华人的身份认同变迁

认同的力量可以跨越国家边界，它是围绕经验来构建利益、价值和规划的。认同把权力锚定在社会结构的某些环节，并由此构筑起自己的攻防阵地，以便在那些构建起行为和新制度的文化符码的信息大战中赢得主动。（Castells，2006）

跨国时代的认同是多重的、共处的和多面向的，尤其对离散族裔而言，家园和认同的概念必然是多地域的：

> 因为背井离乡流离失所，还因为特定地方的家乡地域观念不再让人满意，所以产生了对另一地域的需求……这样，家就成了可移动的地方……但不是短暂的、易变的，也不是无定形的、复杂的，也很少让人困惑。通过考察语言、历史和记忆等问题——通常有助于建构（或重建）认同——单一的“我”获得深化，学会适应、“骑墙”和敏捷的跳跃。（弗朗西亚·L. H.，1999）

二战期间，在美华人因美中战时同盟关系度过一个短暂的“暖冬”，但是很快在20世纪50年代因美中交恶而陷入“寒蝉”时期。当时生活在美国的绝大多数华裔迫于现状和美国国内的反共高压政策，放弃中国国籍，走上了认同美国之路，并付出巨大努力进行各方面的调整，力求融入美国社会。在认同和融入美国的过程中，华人对主流社会采取了迎合和屈从的态度。这种认同取向实际上是延续了排华时代土生华裔的“美国化”倾向，只不过这一时期华人的同化举动是获得美国主流社会认可和接纳的。

进入20世纪六七十年代之后，美国的社会政治环境发生了巨大的转变。从50年代中期开始的黑人民权运动激励了美国其他少数族裔采取相应的政治行动，促进了美国社会在种族和文化观念上的根本转变，肯定并张扬了少数族裔的社会地位和文化权利，使得多元文化主义不仅成为一种社会思潮，而且成为美国政府处理种族和文化多样性的原则。在这种社会风气下，少数族裔和外来移民群体不再以融入“主流社会”为唯一取向，转而强调“族裔性”，鼓励族裔成员对本族文化保持认同。华裔美国人作为这场社会运动的亲身参与者，其族裔认同出现了抬头的倾向，50 年代被压抑的“族裔性”重新得以张扬，尤其是土生华裔产生了一种新的种族自豪感，他们对自己的华人身份和祖辈的文化兴趣增强。不过，他们也意识到自身需要建立一种“作为亚裔美国人”的新意识——一种属于一个更大群体的意识，以便与亚裔美国人团结起来共同反抗美国社会残存的种族歧视。

总体看来，在关于不同历史时期中离散华人的身份认同的研究中，主要有以下四种身份认同类型：

第一种是“落叶归根”的“侨居者”类型。这种认同类型在 19 世纪中期到 20 世纪初的第一代移民中非常普遍，他们总体上保留了中国文化的传统，以回归家园作为在异域挣扎打拼的强大动力。这一方面是由于他们深受中国传统文化的影响，对国家和故土有着很深的留恋；另一方面，迁入国对他们的排斥也使得“同化”的愿望难以实现。

学者在对美国亚裔第二代的研究中发现，即便他们在某种情境下可以自由地表述和展演不同的族群身份，但他们却无法自我建构成为真正的“美国人”或“白人”，不管他们的内心和行为如何地美国化，还是被先入为主地视为“外国人”。（Min，2004）

第二种重要的身份认同类型是“落地生根”。随着二战后国际政治经济环境的变化，离散华人开始主动或被动地寻求融入主流社会，争取平等的政治地位和公平的社会待遇。伯纳德（Bernard，1998）指出，“落地生根”是大部分华人移民的梦想，而全球经济的转型和华人事业发展中的“玻璃天花板”导致了一部分人的跨国活动和回归中国。

第三种是完全被同化的“斩草除根”类型。这种认同类型始于 20 世纪初的华裔青年当中，他们由于学校教育、宗教教会、社会文化等方面的影响，开始疏离甚至厌恶父辈的传统文化和习俗，尽力远离华人社区，追寻与迁入国青年一样的生活方式，参加他们的活动和教会等。当持有这种认同类

型的华人由于主客观条件而无法成为真正的当地人时，可能产生绝望的心理和身份认同的危机。(Wang，1991)

第四种身份认同类型是“失根群族”。持该种认同的群体主要是那些非法移民或由于政治、经济原因而滞留在国外的华人，这些人或被迫或自愿地成为离散族裔，他们可能再也不能回国探亲或工作，永远失去了故土的根，对他们而言，身份认同不再是可以自由选择的标签。

过去数十年华人移民潮发生了质变，即由以商人及劳动者为主力的 19 世纪形态，转变为 20 世纪末以知识、学历与专业为基础的新移民。同时，新一波移民经历了 70 年代以来的所谓包容性多元文化主义运动洗礼而变得更为开放、包容、多元，因而在新一辈海外华人间催生了新的诉求，即希望一方面完全地融入当地社会及其主流语言、文化，另一方面仍然保留若干基本的中华文化生活，“可以自由自在地选择如何做一个华人，不必迫于狂热浪潮而虚与委蛇，或畏于偏执流言而不敢自陈”（王赓武，2016）。此外，“大中华”的论调又重新在相关的研究中兴起。

值得提醒的是，华人按时间先后可分为老侨民和新移民，按出生地可分为美国本土和非本土出生，按来源地又可分为各种小的群体，他们虽然享有共同的中华文化传统，但因成长环境和所受的教育不同，在身份认同上存在一定的差异，在具体的研究中，除了需要关照到大的趋势和方向，也需要仔细辨别其中的细微差异，才能对华人共同体及其身份认同有更客观和立体的描述。

（三）离散族裔的跨文化身份认同研究方法

关于离散族裔的跨文化身份认同建构的问题，前人丰富的研究成果提供了理论、史实和方法方面的重要借鉴，然而，就离散华人的身份认同研究而言，仍然存在以下不足。

（1）当前的相关成果大多聚焦于 20 世纪及以前的现象的研究，但随着全球化和通信技术的发展，离散华人的身份认同已经有了很多变化，而这种变化尚未被详细探讨。

（2）离散华人的身份认同具有混杂性、流动性，任何一种“非此即彼”的研究论调都有简化事实的风险，值得警惕。

（3）身份认同具有非常强烈的主观色彩，但现有研究常常强调社会历史和现实条件对离散华人的影响，而忽略了该群体的主观能动性。

（4）在案例选取方面，频繁跨越国界的“太空人”或“降落伞儿童”往往是学者关注的对象，然而，他们的特殊性使得研究结果缺乏普适性，需要关注更多普通个体从而得出更有效度的研究结论。

（5）在跨国、跨文化的社会运动中，学者们常常以运动发起国的行动者为中心，分析其如何利用全球性网络动员世界范围的参与和支持，却忽略了其他地区的参与者如何与运动发起者进行互动。

为了更细致、全面地认识离散族裔的跨文化身份认同，本章接下来将以“华人抗议吉米·基梅尔脱口秀运动”作为案例，综合案例研究、话语分析、内容分析等多种研究方法，从不同维度探讨美国华人的身份认同建构进而思考一种新的共同体建立的可能性。

（四）研究案例：华人抵制《吉米·基梅尔脱口秀》节目运动

表 5－1　华人抵制《吉米·基梅尔脱口秀》节目运动发展一览表

发展阶段	标志事件	新媒体使用	特点
起源 2013. 10. 16	10 月 16 日，《吉米·基梅尔脱口秀》[①]节目中由 4 个孩子组成的“儿童圆桌会议”讨论美国如何偿还欠中国的巨额债务，一位小朋友建议“kill everyone in China”，主持人吉米笑着回应“OK，that's an interesting idea”[②]。	YouTube， Facebook， Twitter，未名空间	视频发布在 YouTube 上，开始出现一些讨论的声音，但最初两天并未引起广泛关注[③]。
发酵 2013. 10. 19 ~ 2013. 11. 8	10 月 19 日，美国华人分别在美国白宫请愿网站“我们人民”（We the People）、中国知名论坛“北大未名 BBS”发布请愿书（英文）和号召帖文（中文），斥责吉米和 ABC 的不当言论，并号召全体华人加入抗议。	We the People，未名空间，Facebook，Twitter，北大未名 BBS，新浪微博，人人网	1. 两篇网络文章在美国、中国被广泛传播，引发签名、评论、转发等线上社会运动，请愿书一文在 18 天时间内（截至 11 月 9 日）签名人数就突破了 10 万。 2. 将原电视节目中“kill everyone in China”替换成“kill all the Chinese”，将“我们”统一为“少事懦弱但又好学聪明能存钱的黄皮肤种族”，将地理边界的中国公民扩展为全球华人文化共同体。

续表

发展阶段	标志事件	新媒体使用	特点
	10月26日，ABC主管夜间节目的资深执行总裁 Lisa Berger 和副总裁 Tim McNeal 向亚裔政治组织 80－20 促进会（80－20 Political Action Committee）[④]发表了口头和书面道歉。	电子邮件	华人组织认为，ABC通过单一的组织进行道歉，明显诚意不足，ABC和吉米需要通过更全面广泛的途径进行公开道歉。在 Facebook 上，大量网友也斥责 ABC 毫无诚意："这信根本没有诚意，只是重复说他们已经做的，表示已经足够。"
发酵 2013.10.19～2013.11.8	10月28日，纽约、新泽西等地华人首次聚集在纽约 ABC 总部进行抗议，并有华人联合起来打算状告 ABC，希望通过法律途径捍卫华人的尊严。[⑤]迫于抗议压力，吉米在当晚的节目中道歉。	未名空间，Facebook，Twitter，Google Sites，微信，新浪微博	抗议人群的标语着重强调了"孩子"和"种族"这两个元素，例如，"屠杀和孩子不是玩笑""反对制造种族仇恨"。
	11月3日，中国网友制作视频《死不了的中国人》（Undying Chinese）作为对该事件的回应[⑥]，该视频被上传到 YouTube 和优酷网上，并经由各种社交平台广泛传播。	YouTube，Facebook，优酷网（Youku），人人网，新浪微博	该视频配音为英文，并使用了中文字幕，以戏谑、嘲讽的语气批评了"杀死中国人"的言论，例如"我们不认为把我们中国人杀死是个好主意，因为中国人太多了你们杀不过来""如果你想在圣诞节的早晨得到你的圣诞礼物，最好祈祷上帝保护中国人，那些死不了的中国人"。
爆发 2013.11.9～2013.11.15	11月9日，华盛顿、纽约、洛杉矶、休斯敦、旧金山、芝加哥等27个城市于美国当地时间11月9日上午爆发了声势浩大的抗议活动，参与人数超过1万人，据称"这是美国立国200多年来，参与城市最多、响应范围最广的一次华人抗议行动"[⑦]	Facebook，Twitter，Google Sites，微信，新浪微博，人人网	1. 行动者也表达了对儿童的关怀，"Teach kids to love not to kill"的标语大量出现。 2. 斥责背后是华人对其在美权益的争取，他们希望能够通过此次抗议活动激发在美华人的维权意识。[⑧] 3. 在抗议中，华人通过现场标语、演讲、网络博客和记者采访，不断强调自己作为一个美国人的身份。 4. 已经不局限于华人的抗议，其他少数族裔以及美国人也参与到抗议中，将其定义为一场争取平等、反对暴力的活动。

续表

发展阶段	标志事件	新媒体使用	特点
爆发 2013.11.9～2013.11.15	11月10日,ABC首次在其子网站上公开发布官方道歉[⑨],表示已彻底删除冒犯华人的那部分内容,永久取消"儿童圆桌会议"节目环节。	Facebook, Google Sites,未名空间,独立网站	此后,网络成为抗议的主要阵地,行动者通过自己搭建的网站Boycott ABC/Disney、Facebook活动页面、Google协作平台Boycott Kimmel、ABC、Disney以及未名空间等社交媒体平台继续进行抗议活动。
	11月15日,纽约、华盛顿等城市召开电话会议,决定成立全美华人权益联盟		该联盟的成立被认为是"展现部分华人维护自身权益的勇气,亦显示中青年一代华人参政意识的觉醒"。[⑩]
尾声 2014.1.10	2014年1月10日,白宫针对请愿书做出回应。白宫解释称,相关方面已经道歉,ABC在后来的节目和网络上移除那个节目片段,并在此事的评估过程中提出多项改进措施。此外,白宫以"言论自由"为由,表示联邦政府不能强迫ABC取消该节目。	We the People, Facebook,微信	1. 虽然华人的诉求并没有完全实现(解雇吉米,取消节目),但行动者认为此次运动让社会认知到华人的力量已经算作成功。 2. 华人争取权益的抗争并没有就此停止,反而更加勃兴,例如将Facebook的"调查吉米"(investigate jimmy)页面名称更改为"公民权利行动"(civil right act)、反对SCA5(第五号加州宪法修正案)提案[⑪]、开设Civil Rights微信公众订阅账号[⑫],都是华人争取其在美权益的努力,也反映了他们对未来发展的长远规划。

注：①虽然该节目名为脱口秀（Live Show），但是它并不是现场直播。一般节目是在播出当天下午4：30录制。在极少情况下会播出直播特别节目。

②迫于抗议的压力，ABC后来删除了该视频片段，但是仍然有大量完整的视频片段在YouTube和中国视频网站Youku上广泛流传。

③相关信息最早在国内出现是在10月19日，新浪微博和人人网最早出现相关信息的时间分别是10月21日和22日，10月20日建立Facebook活动页面，YouTube上最热门的、有中文字幕的相关视频发布于10月28日。

④80－20促进会成立于1998年，是亚裔美国人创立的一个选举促进组织，主要是团结亚裔美国人中至少80%的选举人，使美国总统选举期间，让亚裔美国人不被候选人所忽视。

⑤周慧一，《美华人拟联合起诉"吉米秀"律师：可能会和解》，中国新闻网，http：//www.chinanews.com/hr/2013/11－07/5475045.shtml。

⑥该视频由中国互联网原创视频内容制作公司"微视传播（www.vmini.com）"制作，热门、搞笑、有趣资讯的聚合网站"抽屉新热榜（dig.chouti.com）"出品，https：//www.youtube.com/watch？v＝sM3xYfxMQeA&noredirect＝1。

续表

⑦阮煜琳,《美国爆发史上最大华人示威　抗议 ABC 辱华言论》,中国新闻网,http://www.chinanews.com/gj/2013/11-10/5483542.shtml。

⑧例如,在美留学博士、抗议活动志愿者@君行莫道早在其微博中表示:"在我看来,除去针对节目的直接诉求,此次抗议有两个目的:第一,让友族民众注意到华族的权益呼声;第二,让华族同胞从此走上大胆为本族权益呐喊的康庄大道。"http://weibo.com/3871602731/AhL7tuvhA?mod=weibotime。

⑨该声明标题为"Statement on behalf of ABC Entertainment and Jimmy Kimmel Live!",http://www.abcmedianet.com/web/dnr/dispDNR.aspx?id=pr62214。

⑩星岛日报社论,《ABC 辱华事件引思考:华人抗争歧视需强化维权意识》,中国新闻网,http://www.chinanews.com/hr/2013/11-21/5530108.shtml。

⑪该提案称,目前加州大学系统中的亚裔学生比例过高,要求限制亚裔学生入学比例,提高非裔和拉美裔的入学率。

⑫该账号于 2013 年抗议 ABC 和 Jimmy Kimmel 事件后期创建,自我介绍中表示"将致力于海内外华人权益发声",已推送的信息中包括为加州大选中参选的华人拉票、悼念加州大学圣芭芭拉校区枪击案事件中的遇难者等内容。

1. 数据和取样

围绕案例，研究从五个方面搜集并确定文本分析的样本，包括媒体新闻报道[①]、关键行动者言论、中美网民评论、中美政府回应、美国广播公司回应。总计样本量为 5054 个，后期抽样获得的样本量为 610 个。

具体抽样方法如下：

（1）媒体新闻报道

中美媒体在运动信息传递中扮演了信息梳理和提炼的角色，特别是针对运动过程、行动者身份认同表达和社会反响等方面有层次分明的描述，其中对行动者言论的直接引用也是考察其身份认同的直接来源。研究根据运动的发展，在检索中将媒体报道时间限定在 2013 年 10 月 16 日至 2014 年 2 月 1 日。

针对中文媒体的报道，在慧科新闻搜索数据库[②]以"吉米 & 华人抗议"

① 本书所说的媒体不包括社交媒体，它是指报纸、电视、杂志等在其官方网站上发布的传统媒体报道内容的电子版，如来自《法制晚报》的报道，均是在其当天的纸质报纸中出现，并以电子版报纸和被其他网络媒体转载的形式在互联网中得到传播。

② 慧科讯业成立于 1998 年，目前是全球最大的中文媒体资源服务提供商，提供包括大中华地区的报纸、杂志和新闻电讯等内容在内的可搜索文章和新闻来源。

为关键词（含标题和内文）检索，共得到1032篇新闻报道，其中包括来自报刊的180篇文章和来自网站的814篇文章。针对英文媒体的报道，在LexisNexis Academic以“Jimmy Kimmel & protest”为关键词检索相关新闻，共得到13篇新闻报道，其中包括来自报刊的9篇、来自BBC的3篇摘要和来自网站的1篇文章。此外，为弥补数字化文本数据库难以通过关键字捕捉复杂的主题、损失版面布局以及数据缺失（Deacon，2007）等方面的问题，研究还采用了“滚雪球”[①] 的方式，对相关度高的文本进行扩充。

通过人工阅读逐条筛选，剔除其中与该事件无关，或包含重复内容的报道[②]，最终确定98篇与此次事件高度相关的新闻报道作为研究样本，包括中国新闻网、北京青年报、文汇报、侨报等34家中文媒体的82篇报道和华盛顿邮报、洛杉矶时报、华尔街日报等10家英文媒体的16篇报道。

（2）关键行动者言论

这里所指的关键行动者是指在此次社会运动中以美国华人为主的、引导舆论发展、组织抗议行动的公民个体和社会组织，他们常常代表和主导了行动者的情绪表达和抗议活动，是考察行动者的身份认同建构的最直接、最重要的文本。

本书采用交叉检验的方法确定此次运动中的关键行动者，具体有三个来源：媒体报道、对在美华人的访谈[③]、网友评论数据库。通过对三个来源所涉关键人、关键组织的交叉比对，最终确定李春燕、黄西、北美崔哥等18名关键人和80－20促进会、美国华人全国委员会等7个关键组织。本书对关键人、关键组织的言论进行采集，包括来自新浪微博、北大未名BBS、Facebook、YouTube、未名空间等多个新媒体平台（详见后文）的样

① 例如中华网刊载的《美媒辱华言论遭反击　14万网民让CNN“滚”》中提及华盛顿邮报、英国广播网对此事的报道，则对其进行相关定向搜索，纳入文本范围；中新社《美侨团就抗议ABC游行结果纷表态　肯定华人凝聚力》一文提及侨报报道，则同样对其进行检索。

② 例如，中华网的9篇报道均来自北京青年报、中国新闻网等媒体，则剔除。

③ 本书共成功访谈4位在美华人，他们分别居住在波士顿、费城、洛杉矶和哥伦布，他们中有1人参加过街头抗议活动，2人参与过相关的网络意见表达行动。

本，经人工阅读筛选，有效样本中文 123 篇，英文 12 篇，样本记录为B1 – B135①。

（3）中美网民评论

本书选取两个网络资源下的网友评论作为主要采集来源。

一是中国的凤凰网②新闻专题“美媒杀光中国人言论惹争议”。选择凤凰网 2000 条用户评论③作为样本来源，按照等距抽样的方法，每隔 10 层抽取一条评论，一共 200 条，并加入系统自动排出的 10 条最热门评论，共计 210 条中文评论样本，记录为 C1 – C210。

二是美国的 YouTube 视频“Jimmy Kimmel-kill everyone in China”④。YouTube 相关视频共有 1879 条用户评论，按照热门程度排名，选取其中的前 160 条评论⑤作为样本，记录为 C211 – C370。

（4）中美政府回应

中国政府方面，选择外交部新闻发言人在 2013 年 11 月 11 日例行记者会上的回应视频⑥作为样本来源，转录为文本内容作为研究样本，记录为 D1。美国政府先后有两次回应，分别是美国白宫外交安全委员会发言人通过邮件回复

---

① 本书在进行样本处理的过程中，发现有些言论的作者虽然社会属性比较模糊，但其言论获得了大量评论与转发，产生了较大的影响，本书同样将其纳入研究样本。如《一位海外华人的心声：ABC 辱华事件之后的深度思考》《手把手教你如何经济上痛击 ABC 和 Jimmy Kimmel》《游行的人要明白的几点，不要过分漠然也不要过分激愤》等热门文章。

② 凤凰网由香港凤凰卫视传媒集团控股，不仅是其电视内容的网络传播渠道，还整合并提供全方位的综合内容服务。根据 2014 年 6 月 24 日数据，在中国门户网站 Alexa 排名中位列第 7 名，其用户评论非常活跃。选择该网站的原因还在于，由于微博中的讨论过于零散，北大未名 BBS 的评论不对外开放，人人网的受众集中于学生群体，而其他新闻网站缺乏系统的新闻整合，导致用户评论比较零散，因此，最终选定凤凰网的新闻专题下的用户评论作为样本来源。新闻专题链接为 http：//news. ifeng. com/mainland/special/zhongugoren/。

③ 由于网站设置，只有前 2000 条评论可以被获取。

④ 所选视频播放次数为 619439 次，是相关主题中最热门视频，视频配有中文字幕，详见 http：//www. youtube. com/watch？ v = k_ ITwbtxfiY。

⑤ 由于网站设置，只有前 160 条评论可以被获取。

⑥ 央视网（www. cctv. com）由中国中央电视台主办，为国家重点新闻网站，根据 2014 年 6 月 24 日数据，在中国门户网站 Alexa 排名中位列第 15 名。本书所选样本为：《外交部发言人秦刚：散布种族歧视有悖媒体责任》，http：//news. cntv. cn/2013/11/11/VIDE1384179844539866. shtml。

央视记者提问①，白宫针对华人请愿帖做出书面回应②，这两次回应样本记录为D2、D3。

（5）美国广播公司回应

美国广播公司曾先后以美国广播公司高管、主持人和美国广播公司全体人员的名义做出公开回应，四次回应均被纳入语料库，记录为E1－E4。

2.分析框架

（1）内容分析

针对研究主题1："新媒体社会运动中的认同建构：合法、抗拒与规划"，主要采用了内容分析的方法。

根据合法性认同、抗拒性认同和规划性认同三种类型划分框架，并结合对文本的阅读分析，建立文本数据分析的初始编码类目，然后在文本中不断归纳、提炼出新的类目，从而去验证和扩展现有认同划分框架。具体编码规则如下。

合法性认同：如果样本中出现"将抗议对象的行为定义为不合法""将行动者的行为定义为合法""通过合法路径（政府、法律、媒体）寻求问题解决"的内容，则记为"有（1）"，否则记为"无（0）"。

抗拒性认同：如果样本内容涉及"认为自己是被贬低或排斥的"，"明确指出抗议对象，要求承担责任"，"倡导采取对抗性的行动"的内容，则记为"有（1）"，否则记为"无（0）"。

规划性认同：如果样本中包含"寻求对族群社会地位的重新了解和认可""创建更强有力的团体""推动相关政策法规的制定""借鉴运动经验，积极参与政治""培养维权意识和习惯""为下一代创造好的环境"，则记为"有（1）"，否则记为"无（0）"。

本研究由两位编码员进行编码。在正式编码前，所有编码员进行了沟通和培训：①充分阅读相关文献和案例资料，对理论和文本有明确了解；②随

① 该回应首先出现在中央电视台的新闻报道中，视频链接为 http：//tv. cntv. cn/video/C10616/1bbff1f6c2c4403abce3bbd825405de5。

② 该回应链接为 https：//petitions. whitehouse. gov/petition/investigate－jimmy－kimmel－kids－table－government－shutdown－show－abc－network/tLxzbBjg。

机抽取总体样本中的 20 个样本，同时对这 20 个样本编码，对编码结果进行逐一比对和讨论，找出差别并调整。

完成培训后，随机抽取 116 条样本（占总样本量 20%），两名编码员分别对这些样本进行编码，并引用科恩 kappa（Cohen's Kappa，Cohen，J.，1960）的测试方法对信度进行检验，合法性认同、抗拒性认同和规划性认同的 kappa 值分别为 0.75、0.82、0.739，具有显著一致性[①]，有很好的编码员间信度。检验结束后，编码员分别完成 50% 的样本编码。

（2）话语分析

针对研究主题 2："离散华人的跨文化身份认同建构"，主要采用了话语分析的方法，其中综合使用了语料库语言学和批判性话语分析的方法。

定量分析能帮助我们全面了解语料库的语言模式，而定性分析将会帮助我们去发现细节的差异，发现语言与其所在的广阔的社会关系之间的联系。因此，本书将主要采用标签分析和搭配分析的方法对文本进行研究，定量分析的每部分内容都进行定性的批判性话语分析作为辅助，细节化分析每种特定再现方式的典型引文，以补充、延伸和解释结果，从而洞察身份认同建构策略及其背后的社会结构意义。

首先，采用关键词分析的方法考察认同的分类标签使用情况，即话语主体分别采用了哪些标签来定义"自我"和"他者"的身份认同？不同的标签的使用频率如何？不同的标签使用情况表现了其身份认同建构的什么特点？

例如，前文讨论了美国华人的身份认同发展历史，结合研究初期对文本资料的阅读和分析，初步提出了和研究密切相关的身份认同标签，即"华人""美国人""中国人""亚裔""少数族裔"，它们以不同的角度定义着"自我"。而中美网友、中美政府对于华人的身份也采用了不同的标签。

然后通过搭配分析考察特定认同标签的动词搭配，在分析其主动性与被

① kappa 值在 0.41～0.60，被认为可以接受；0.61～0.80，被认为有显著一致性；0.81～1.00，被认为是完美一致性。参见丹尼尔·里夫、斯蒂文·赖斯、弗雷德里克·G. 菲克：《内容分析法：媒介信息量化研究技巧》（第 2 版），清华大学出版社，2010，第 140～143 页。

动性的基础上，具体考察特定认同标签所建构起来的任务形象，更可以为我们勾画其深层关系轮廓提供帮助。例如，“华人”这一认同类别标签既可能作为行动者与“支持”“维护”这样的动词搭配使用，也可以作为受动者，成为“歧视”“屠杀”等动词的宾语。

二　新媒体社会运动中的认同建构：合法、抗拒与规划

“新媒体社会运动”是指社会运动参与者借助网络平台和各类新媒体产品通过线上（议题讨论、签名请愿、抗议声援等）、线下（抗议、游行、政治集会等）融合的方式进行抗争性的集体活动，表达诉求并实现某种利益目标。

总的来看，新媒体加快并在地域上扩大了关于抗议和社会运动的信息的扩散，降低了信息交流的成本，使人们能够克服空间、时间、身份以及意识形态的限制，扩大社会运动的意义建构空间。地方与全球的分裂、权力与经验在不同时空中的分离使得认同的建构面临着新的问题，

那么，新媒体社会运动中的认同究竟是被如何建构的呢？本章将在卡斯特的理论基础之上，集中关注以下问题：①卡斯特提出的三种认同形式（合法性、抗拒性、规划性认同）在华人新媒体社会运动中如何被建构？②行动者如何通过话语建构自身（我）、群体（我们）。

（一）清晰的认同建构意识：合法、抗拒与规划

通过对案例的研究可以发现，行动者在新媒体社会运动中呈现出清晰的认同建构意识，他们建构了合法性、抗拒性、规划性认同这三种不同的认同形式。本书以卡斯特所提出的三种认同建构的形式和来源为基础，对相关的内容进行了归纳，进而勾勒出一个细致、全面的认同建构框架。

1. 合法性认同及其内容呈现

如表5－2所示，在合法性认同的建构中，行动者使用“屠杀”“种族歧视”“种族仇恨”“暴力”这些词语来描述吉米·基梅尔和美国广播公司的言论和行为，将其定义为违背法律和道德，同时援引犹太人、黑人为种族平等

而斗争的例子作为类比，赋予了自己行动的合法性，例如美东华人社团联合总会常务副主席花俊雄在抗议中表示："选择在时代广场抗议，主要是希望美国大众能了解此事，今天的主题是反对种族歧视、反对暴力，不仅是为华人争取平等的权利，也是为所有少数族裔发出声音"（样本 A45）。行动者甚至将这种抗争行为上升为对"平等""自由"这些普世价值的追寻。例如，华裔博士李春燕在纽约 ABC 总部门口的演讲中说道："这 20 年，这 20 天，是追求美好生活、自由和幸福的漫漫之旅。谁不渴望拥抱幸福？然生命无常，谈何自由？失去自由，幸福安在？让我们携起手来，为人类的尊严并肩奋斗！"（Twenty years，twenty days. Life，liberty and the pursuit of happiness. Who doesn't want to be happy? But without life，what is liberty? Without liberty，what is happiness? Let's join hands in our pursuit of human dignity.）（样本 B131）事实上，在运动中后期的抗议游行中，还有其他的少数族裔甚至当地美国人加入其中，而他们参与的原因主要是认为吉米和 ABC 的行为是不合法的，包括"种族歧视""屠杀""给孩子造成这种印象"等。

在赋予自身行动的合法性的同时，行动者还通过政府、法律和媒体的路径寻求事情的解决，包括在美国白宫请愿网站提出调查申请、向法院提请诉讼以及在报纸刊登广告，并积极争取主流媒体对事件的报道以扩大社会影响力，而这三种机构/制度都是公民社会自身得以维持和运转的重要基础。

表 5－2　合法性认同及其内容呈现

合法性认同	
类目	内容呈现（样本编号）
1－1 将抗议对象的行为定义为不合法	The promotion or even the suggestion of genocide cannot be excused even in a satirical late night show.（即使在讽刺性的深夜脱口秀中，种族屠杀的提议也是不能被原谅的。）（B133） While I think joking about Genocide is wrong no matter when and where it is done; I am definitely not for senseless and dangerous censorship. Only for Responsible Self-Censorship/Censorship by those media that can and do reach a large and public audience.（虽然我认为关于种族屠杀的玩笑不论在何时何地说都是错误的，但我依然明确反对愚蠢且危险的审查制度。不过，那些有能力并且可以影响大规模社会公众的媒体应该履行负责任的自我审查/审查程序。）（C223）

续表

合法性认同	
类目	内容呈现(样本编号)
1-2 将行动者的行为定义为合法	如今,新一代华人,不管有所在国国籍的,还是没有的,都能站出来,能为本民族权益鼓与呼,老一辈们想都不敢想,但他们肯定会为我们高兴。(B32) 这是美国长期歧视华人的总爆发,是正当维护全体华人在美国政治和社会地位,支持华人社会所采取的行动。(C53)
1-3 通过合法路径(政府、法律、媒体)寻求问题解决	采取合法的、符合美国惯例和法制体系的、对方无法回避的斗争方式,包括集体诉讼、谈判等,提出我们的最终目标。(B117) 华人的权益在美国主流媒体中一直被忽视,希望这次事件能让美国主流媒体重视起华人。(A14)

2. 抗拒性认同及其内容呈现

抗拒性认同是行动者认同建构中的重要类型。从表 5-3 可以看出，行动者将自己界定为被贬低和排斥的族群，甚至通过对历史的回溯，将这种排斥置于历史维度之中。例如，奥克兰华裔市长关丽珍认为：“长期以来，华人被指责为廉价劳动力，可以追溯到《排华法案》，所以很多如同我这样的华裔，其家庭在这里生活超过百年，都非常了解自己的家庭如何受到《排华法案》的伤害。”（样本 A32）。它强调了本族群所遭受的排斥，激励大家积极与这种不公正的待遇做斗争，以这种“对排斥者的排斥”为基础建构共同体的认同，同时，这种表述还能够通过对共有记忆的唤起促进社群的建构。

运动的敌人和目标同样是社会运动中的要素，此次事件中，行动者将这两个要素融合在认同的建构中。一方面明确地将其反对对象指向主持人吉米·基梅尔和他所在的美国广播公司，同时也提出了明确的目标，即要求通过道歉、停播、解雇等方式对其行为负责，这种“敌人”和“目标”的确定性不仅有利于激发族群的不满情绪从而建构抗拒性的认同，也因其可行性而吸引了更多个体的加入。此外，行动者倡导抗议、游行、抵制等具有明显的对抗性的行动来对涉事方形成压力，进行了最直接和最有力的动员。

在中美政府和ABC的回应中，行动者建构的合法性和抗拒性认同得到了不同程度的认可。例如，中国政府新闻发言人秦刚在回应该事件时表示："散布种族歧视和种族仇恨，有悖新闻媒体的社会责任。美国广播公司应正视自身的错误，以真诚的态度回应旅美华人华侨的合理呼声和正当要求，避免再次发生类似事件。"（D1）这既认可了抗议的合法性，又支持其抗议诉求，要求抗议对象承担责任。

表5－3　抗拒性认同及其内容呈现

抗拒性认同	
类目	内容呈现(样本编号)
2－1 认为自己是被贬低或排斥的	在过去两百年里华裔和亚裔遭受过骇人听闻的严重歧视,其程度决不比其他任何一个少数族群更轻。(B105) They only went through with this because Asians are perceived as being easy to pick on.(他们之所以这么做就是因为觉得亚裔好欺负。)(C248) 中国人甚至亚洲人种在美国的地位都是低下的……声援美国华人!(C34)
2－2 明确指出抗议对象,要求承担责任	美国广播公司应正视自身的错误,以真诚的态度回应旅美华人华侨的合理呼声和正当要求,避免再次发生类似事件。(A3) 正式表达我们的如下诉求:第一:ABC承认错误,通过电台和媒体网络正式地向全美华人和其电视观众做出诚挚道歉。第二:立即解雇Jimmy Kimmel。第三:ABC采取措施,避免此类事件再次发生。(B107) 抵制以貌似玩笑实质恶劣的手法散布种族仇恨及歧视言论的美国广播公司的吉米·基梅尔,让他丢掉饭碗!(C49) 他们抗议的不是小孩的言论,而是主持人的不以为然甚至默认,以及电视台剪辑的不负责和公关的不作为。(C173)
2－3 倡导采取对抗性的行动	我们需要全球所有的有正义感的华人站出来,不再沉默,联合愿意对我们平等相待的美国人民,以及世界各国人民一起,对种族主义说"不"!(B110) 全国人们行动起来支持抵制迪士尼!(C63)

3. 规划性认同及其内容呈现

除了合法性和抗拒性认同以外，行动者还在积极构建一种新的、重新界定其社会地位的战略，即规划性认同。

如"华人要对抗的绝对不是一个JK，一个ABC，一个迪士尼，而是整个美国的潜意识"（样本B108），虽然行动者明确地将矛头指向了吉米和

ABC甚至是其背后的迪士尼，但实际上，他们最终寻求的是社会对华人群体的理解、认可和尊重，是其社会地位的提升和未来发展空间的拓展。样本B107则更直接地表达了华人群体希望改变美国人的刻板印象从而提升族群社会地位的愿望："团结在一起，呐喊出你心中的愤怒，让全美国都能听到我们的声音，看到我们的力量！一个人的力量是有限的，但我们所有人在一起，力量是无限的！我们要让全美国都知道，从现在起，我们华人不再软弱，我们的尊严不容侵犯！"（B107）

表5－4　规划性认同及其内容呈现

规划性认同	
类目	内容呈现(样本编号)
3－1 寻求对族群社会地位的重新了解和认可	这次事件我们要达到的真正目的是,让大家不可再忽视华人的力量,要改变对华人的看法。我们不再是以前可以被随意欺凌的民族,让种族歧视消除。(B112) 今天我们所做出的努力,将换来一个对于华人更公平的生活环境！让我们华人的声音被整个美国听到！(B106) 我们要让美国媒体学会尊重华人,不要高人一等,更不要对别人的事指手画脚。(C192)
3－2 创建更强有力的团体	Got says her hope is that these protests can unify Chinese people, and teach them not to be so obedient.(Got接受采访时说,她的希望是,通过这些抗议活动能够团结华人,告诉他们不要太逆来顺受。)(A72) 创建更强有力的能团结华人的团体！(B56)
3－3 推动相关政策法规的制定	呼吁更多华人民众、民选官员加入民间抗议行列,共同努力出台更强有力的杜绝擦边球种族歧视的新法案。(A51) 我们要求美国广播公司建立非暴力、非歧视的政策以防止以后发生类似的事件。(We are here to demand ABC network to …… establish a non-violent and non-discrimination policy to prevent similar incident from occurring in the future.)(B129)
3－4 借鉴运动经验,积极参与政治	经过今天的呐喊之后,我们很重要的事情就是真的要积极加入美国的政治……这对于我们的中华民族以及我们的这一代以及下几代都有非常重要、非常重大的影响。(A60) 需要借鉴民权运动的经验,积极参与美国政治,才能防止惨痛历史的重演,才不再会是被忽视的透明族群。(B105)

续表

类目	内容呈现(样本编号)
3-5 培养维权意识和习惯	全美华人在美国主要城市的抗议活动,不仅给 ABC 上了一课,也警告一些美国媒体,华人是不可以任意侮辱的,他们不再会无原则忍让,并将为自己的合法权益进行抗争。(A59) 我们不应该再被认为是听话的、顺从的,不应该再让主流社会对我们指手画脚。(We can no longer be counted on to obey or we are compliant and let people, the majority tells us what to do.)(B128)
3-6 为下一代创造好的环境	美国的华人必须彼此团结,勇敢地站出来进行抗议,这不仅是在为自己争气,更是为了给下一代创造良好的社会条件和成长空间。(A8) 太多的支持都为了我们的同一个声音:我们要为自己的尊严而战,我们要为我们的子孙后代不再受欺负而战。(B112)

这种规划性认同的建构在运动后期的语言表述中表现得尤其明显，非裔、犹太裔在美国为权益抗争的历史已经表明了政治参与的重要性，而华人则积极借鉴了过往的经验，希望借政治参与提升华人群体的社会地位："华人需要打破沉默，让美国大众了解华裔和亚裔的历史，树立尊重亚裔的价值观；需要借鉴民权运动的经验，积极参与美国政治，才能防止惨痛历史的重演，才不再会是被忽视的透明族群。"（样本 B105）

参加抗议活动的华人家长孟先生则希望能为自己的下一代创造更好的环境："我更加希望我们的下一代能够很自由地生活在美国，我不希望她受到任何的歧视，我作为一个父亲真正的心声就在这里。"（样本 A32）他们都希望通过建构一种新的话语、新的空间、新的身份来重新界定华人群体在美国社会的地位，并制定长远的群体发展规划，以寻求全面的转型。

（二）多种认同形式的非线性共存

如前文研究发现，抗拒性、合法性和规划性这三种认同建构类型同时并存于研究案例之中，并且相互之间有明显的转化过程，这印证了卡斯特的观点："以抗拒性为开端的认同也可能导致一些规划，并且有可能循着历史路线在社会制度当中占据支配地位，从而成为合理化其支配地位的合法性认同。”① 此外，认同的转化并非相互更迭的过程，多种类型的认同共存于运动发展的相同阶段，并相互支撑。

从表 5 - 5 可以看出，在三种不同形式的认同中，抗拒性认同仍然是运动中最重要的认同形式，占据的比重最大（52.11%）。合法性认同也占据了较高的比重（32.16%），出现频次较低的是规划性认同（15.73%）。这就表明，行动者对认同的建构仍然注重对短期目标的实现，他们通过赋予自我行动的合法性动员更多人的支持和参与，并要求抗议对象通过道歉、删除节目视频等措施履行其责任。规划性认同的建构虽然占比较小，但能体现行动者参与社会运动的深层次目标：

> 团结在一起，呐喊出你心中的愤怒，让全美国都能听到我们的声音，看到我们的力量！一个人的力量是有限的，但我们所有人在一起，力量是无限的！我们要让全美国都知道，从现在起，我们华人不再软弱，我们的尊严不容侵犯！（B107）

通过对这三种认同的相关性分析，可以对它们在运动中的相互关联有更清晰的认识。

表 5 - 5　三种认同的比重统计表

形式	合法性认同	抗拒性认同	规划性认同
频数	137	222	67
比率（%）	32.16	52.11	15.73

根据表 5 - 6 的相关分析显示，合法性认同与抗拒性认同、合法性认同与规划性认同之间均存在显著相关性，而抗拒性认同与规划性认同之间的关联则有较弱的相关性。即在同一文本中，同时出现或不出现三种认同中的两

① Castells M., *The power of identity*（*Second edition*），Oxford：Blackwell Publishing Ltd.，2003，p. 8.

种或两种以上认同的情况非常普遍。为得到更精确的数据，本书对这三种类型的认同进行了交叉表分析，结果如下。

表 5－6 合法性、抗拒性和规划性认同相关分析

		合法性认同	抗拒性认同	规划性认同
合法性认同	皮尔森(Pearson)相关	1	.267**	.237**
	显著性(双侧)		.000	.000
	N	394	394	394
抗拒性认同	皮尔森(Pearson)相关	.267**	1	.112*
	显著性(双侧)	.000		.026
	N	394	394	394
规划性认同	皮尔森(Pearson)相关	.237**	.112*	1
	显著性(双侧)	.000	.026	
	N	394	394	394

** 相关性在 0.01 层上显著（双侧）。* 相关性在 0.05 层上显著（双侧）。

表 5－7 合法性认同×抗拒性认同交叉列表

		抗拒性认同		总计
		无	有	
合法性认同	无	137	120	257
	有	35	102	137
总计		172	222	394

表 5－8 合法性认同×规划性认同交叉列表

		规划性认同		总计
		无	有	
合法性认同	无	230	27	257
	有	97	40	137
总计		327	67	394

表 5－9 抗拒性认同×规划性认同交叉列表

		规划性认同		总计
		无	有	
抗拒性认同	无	151	21	172
	有	176	46	222
总计		327	67	394

从表5-7至表5-9可以看出，合法性认同与抗拒性认同同时出现的次数为102，约占其出现总次数（137）的74.5%，而规划性认同与合法性认同、抗拒性认同同时出现的次数分别为40、46，约占其出现总次数（67）的59.7%、68.7%。从这些数据可以看出，三种认同类型同时出现在了社会运动发展的各个阶段，它们脱离了线性时空的限制，交织在新媒体话语空间中，体现出彼此嵌入、相互支撑的意义共同生产。它们之间的转化并非相互更迭、此消彼长的线性过程，不同类型的认同可以共存于同一时间节点，甚至是同一话语空间中。例如：

> 圣何塞市议员朱感生本周五将在市政厅的广场举行集会，呼吁停止仇恨犯罪和暴力事件。在集会上，他将就本次Jimmy事件提出三大诉求：节目停播、开除Jimmy、立法以防类似事件再度发生。（B59）

在这种表达中，“议员”作为合法性的符号象征，将主持人的言论定义为“仇恨犯罪和暴力事件”从而赋予自己行动的合法性。而三大诉求的提出从总体上看具有明显的抗拒性，清晰地划分了“敌我”边界，但也同时提出“立法以防类似事件再度发生”的规划性认同话语，然而这种规划并没有对社会造成破坏性的威胁，反而会使社会走向合法性的框架。

（三）规划性认同的现实回归

在此次运动中，规划性认同的建构并不存在卡斯特所说的“重建一种新的公民社会，并最终重建一种新的国家”[①] 的战略设计，而是期待回归到公民社会的合法性话语框架之中，而非对其的颠覆。

从表5-4的内容可以看出，无论是鼓励政治参与，还是号召华人群体的团结，以及敦促相关制度的建立，都是从现实社会的角度出发进行考量，而没有对当前社会结构本身提出质疑。这种批判性的缺乏与行动者感

① Castells M., *The power of identity* (*Second edition*), Oxford: Blackwell Publishing Ltd., 2003, p. 422.

知到的社会排斥程度偏低、华人在美国的政治影响力有限等现实因素有关，也有其重要的历史关联。

从 1848 年第一批华人进入美国，直到 1943 年废除《排华法案》，美国的排华运动延续了近百年[①]。由于这段关于种族歧视的悲惨记忆，早期居住在美国的华人对吉米脱口秀的言论表现得比较敏感。然而，由于美国的长期排华和 1949 年后中美关系 23 年的中断，华人在近三十年才重新开始大规模流入美国，而他们并没有经历过《排华法案》的迫害，因此会在种族歧视的判断和抗争问题上存在分歧，削弱了认同的破坏性力量。但无论选择抗争或顺从，出于现实利益的考量，行动者所建构的规划性认同最终仍然是向现实的合法性框架妥协以实现其利益目标。

（四）新媒体社会运动中的政治参与与认同

这次“美国历史上最大规模的华人抗议运动”之所以爆发并引起了全球华人的共同关注，必然有其深刻的社会历史背景，而新媒体技术也为运动的发起、参与和蔓延提供了诸多便利，起到了重要作用，传统政治研究中认为的美国华人政治参与的障碍（种族歧视和偏见、政治文化、参与成本、内部合作等）（万晓宏，2013）随之发生了一些变化：

如张纯如所说：“华人在美国居住已有 150 年的历史，对美国的发展做出了巨大贡献，但至今仍被视为‘永久的外国人’。”（Iris Zhang，2003）歧视和偏见常常被学者认为是华人政治参与的重要障碍，却成为这次运动的导火索和催化剂。广播技术的最初出现使工人们意识到其他地区的人们的类似的抗争，并帮助他们将自己的困境归咎于工厂所有者，从而在集体认同的建立和发展中起到关键作用，促进运动参与。（Roscigno Vincent H. & William F. Danaher，2001）而新媒体也在此次运动中发挥了类似的作用。及时、广泛的信息扩散加强了群体成员对自身不公平现状的感知与呼应，基于对

---

① 尤其是 1882 年颁布《排华法案》明文规定华人不能归化成为美国公民，并先后于 1884 年和 1888 年通过补充法案，扩大了限制范围，这段时期，针对华人的暴乱此起彼伏（如 1885 年怀俄明屠杀、1885 年华盛顿暴乱、1886 年西雅图暴乱、1887 年俄勒冈屠杀），官方也多有纵容包庇。

“歧视和偏见”的共同抵抗，建立起了超越地理界限的“华人共同体”，甚至得到其他族裔群体的支持。

新生代华人对政治和权利的不同观念在这次运动中得以体现，“义务”“服从”等传统政治文化所包含的消极影响正在慢慢消退。从社会环境来看，“阿拉伯之春”“占领华尔街”等源起于新媒体的社会运动改变了公民对“政治”的宏观印象，对公民个体有政治教化作用，政治参与、权利维护成为更日常的行动。此外，“新媒体网络作为社会运动结构的一部分，它将实际行动者和潜在行动者联结起来，促进潜在行动者的参与”（Passy F.，2003）。新媒体丰富多样的表现形式为行动者提供了有效的动员工具，使他们得以进行具有煽动性和感染力的政治信念和文化传递。

无论是线上的发帖声讨、请愿签名，还是线下游行示威所需资金、标语等，需要每个行动者的时间和物质成本投入，这往往成为政治参与的重要阻碍。但不可否认的是，新媒体的出现大大降低了动员和参与成本（包括物质和沟通、协作等）。此外，在信息的大量、快速交换中达成了长远规划的共识，“只有不停的量的积累才会最终导致质变……需要好几代华人不计成本的参与，收益才会明显增长”（万晓宏，2009）。在此次抗议中很多家长奋起抗议，就是希望为下一代创造更好的成长环境。于是，政治参与成本的障碍在这次运动中变得不再重要。

有研究认为，新媒体的出现降低了正式组织在社会运动中的重要性。（Arquilla J. & Ronfeldt D.，2001）在这次运动中个体的作用的确更加凸显，但是社团组织的作用也在邮件群组、社交媒体、网络社区等新媒体的串联下得到放大。以 80 - 20 促进会、美国华人社团联合会等华人团体为核心，遍布全球的组织和个人都参与进来，他们借助新媒体平台的联结，进行信息共享和行动协作。围绕“华人”身份认同集结起来的大量个体形成了对决策者有实际影响的“虚拟群体”，而正式组织作为其代表与相关方面进行交涉，敦促其采取相应的措施。沟通和协作的效率得以提升，在以往的华人政治参与中所面临的团结合作的障碍在一定程度上被弱化。

上述内容简要分析了新媒体在此次运动中对政治参与障碍的影响，而其中一个重要的路径就是改变了行动者对认同的感知和建构。基于对个案的研究及其相关材料的内容分析，本书以曼纽尔·卡斯特的相关理论为基础，提出了一个更细化的认同类型划分框架，为未来该领域的研究提供可操作性的框架基础。

合法性认同在现有的社会框架下，通过对自我和抗议对象的行为合法性的划分，结合政治、法律和媒体的路径，实现运动的合法化，从而得到既存的主导性力量的认同。抗拒性认同清晰地划分敌我，将自己定位为被排斥者，并进行明确的责任归因和抗争性行动号召，以此建立所在族群的认同。规划性认同全面寻求族群的社会地位的重新界定和认可，并从政治、经济、文化多方面制订长远的群体规划。

在此基础之上，本书发现，新媒体的使用不仅大大加速了社会运动信息的流转速度、幅度和深度，尤为重要的是，新媒体使得互动的频率更高，从而使得合法性、抗拒性、规划性认同的相互转化并非是相互更迭的过程，而呈共时或交叉的趋势。但是，需要注意的是，新媒体冲破既有民族国家边界的同时，以非物质性情感、价值观为基础的文化认同却需要寻找落地的土壤，传统以颠覆为目标的规划性认同有可能“退化”到合法性认同的现实秩序框架中寻找利益，从而削弱社会运动对民族国家的破坏性。

为抗议“辱华言论”，美国华人通过网络声讨、白宫请愿、游行示威等方式抗议，而全球共享该身份认同的群体也加入进来，迫使 ABC 公开道歉、白宫回应，主动寻求改变现状，为未来的华人民权运动和政治参与打开更好局面奠定了基础。但是，当抗拒性认同随着运动走向尾声而瓦解时，华人群体如何基于合法性和规划性认同维系社群，并达致更远的目标，仍然是值得思考的问题。

三　离散华人的跨文化身份认同建构

（一）离散华人的跨文化身份标签选择

为回答“在这场跨国社会运动中，以美国华人为主体的离散族裔行动者建构了何种身份认同”，本节将围绕华人行动者使用的主要标签，从两个方面进行分析：一方面，在自我建构中，行动者使用了什么标签来界定

"我们"；另一方面，行动者所使用的标签建构了什么样的"我们"。在对美国华人使用的身份标签进行细致考察之前，首先统计了不同标签的使用频率，以便于从整体的视角考察行动者的身份认同建构倾向。

表 5-10　行动者的自我身份界定（N=517）*

标签	举例(样本编号)	频数	频率(%)
华人	示威参与民众赵女士:我不是一个很热衷政治的人,但作为一个母亲,作为一个华人母亲,我有责任站出来,为这一代华人,为下一代华人,为他们的子女说话。(A57) 我们海外华人的命运是和祖国人民联系在一起的,我们渴望祖国同胞们向我们伸出温暖有力的援手,我们需要全球所有的有正义感的华人站出来,不再沉默,联合愿意对我们平等相待的美国人民,以及世界各国人民一起,对种族主义说"不"!(B110)	364	70.4
中国人	作为一个中国人,我觉得经历这件事,我们要团结起来,让他们看到咱们的力量是强大的。更重要的是,我们还应该在美国传播中国人的和平和友善,让他们喜欢这个民族。(A23) 我们在世界的每一个角落让中华文明生根开花,我们面对着各种看得见看不见的歧视和仇视,勇敢地捍卫着中国人的利益和尊严。(B110)	71	13.7
美国人	Actually, they are not even Chinese, they are Chinese american. We Chinese American are also part of America and are proud of our cultural heritage.(实际上,他们不只是中国人,他们更是华裔美国人。我们这些华裔美国人也是美国的一部分,同时也为我们的文化传承感到自豪。)(B124) Tell them, you are proud of your Chinese heritage, and you are as American as all the rest of your classmates. This is their land, and this is your land too.(告诉他们,你们为自己的中华血统为自豪,同时,你们和你们其他的同学一样,都是美国人。这是他们的土地,也是你们的土地。)(B126)	42	8.2
亚裔/少数族裔	这次抗议活动取得的成果,不仅为华人争取了平等的权益,也是为美国少数族裔争取平等权益作出的一次积极有效的努力。(A40) 游行的主题是反对种族歧视、反对暴力,不仅是为华人争取平等的权利,也是为所有少数族裔发出声音。(A71)	40	7.7

*统计方法：此处采用语料库语言学的研究方法，以关键词检索，然后结合上下文语境，逐个阅读排查，确定该标签的确是作为身份认同的表述，则计入对应的身份标签，否则剔除。例如，"杀光中国人（killing all the Chinese）"等直接引语，"全加华人协进会"等组织名称，"排华法案（Chinese Exclusion Act）"等专有名词中的身份名词都不计入。在英语文本中，首先根据上下文将其翻译为中文，然后按照中文的统计方式进行数据分析。

然而，话语分析首先并不是关于事物的计算，这些量化的数据只是作为引导，还需要通过仔细审视行动者话语的实际细节和内容来探索这里的研究问题。

1. 标签“中国人”与“美国人”

根据定量分析数据显示，对具有国家边界和政治意味的“美国人”“中国人”标签的使用相对较少，合计占比 21.9%。然而，这种量化的计数并不能准确地反映行动者对这两个标签的使用情况。回归到这些标签出现的语境中，本书发现这两个标签的使用有一些超出文本“能指”的意义。

（1）混杂性身份认同

离散族裔的生理特点和对居住国文化的认同，使他们的身份标签中多了一个表明其族裔特点的形容词，以区别于其他的美国人，比如 Chinese American 中的 Chinese。这个形容词既能将离散群体区别于其他群体，而且它还可以用来指“无疆域性身份”的跨国族群。

已有研究对于离散族裔群体中存在的双重认同已经有丰富的论述，如美国历史学教授斯奈辛格尔（Snetsinger，2002）指出：“一个接一个的移民潮将数不清的族裔群体、成千上万的移民带到美国，并将他们对祖籍民族的认同一代一代地传至今天。这些少数族裔群体……在对美国热烈地表示新的忠诚的同时，仍然紧紧地抓住他们过去的亲情纽带。”美国华人群体在此次运动中对身份认同的建构也有这样自相矛盾的表述。典型的是：

> 你一方面无限眷恋身后那块东方的黄土地，你希望家乡的父老乡亲一切都好，国泰民安，因此那儿的点滴喜事让你高兴，而那儿的坏事丑事让你愤怒揪心，因为那儿是你成长的地方，在你身心上留下了永远无法磨灭的烙印。另一方面你也真心喜欢美国，你希望美国一直繁荣富强，因为你在这儿立足扎根，找到了你自己喜欢的生活，这儿有你温馨幸福的小家。（B113）

中国人移民美国（加利福尼亚州）被普遍认为发生在 19 世纪中期。经过一百多年的美国生活，离散华人在美国人口结构中的比重，使其成为不可忽视的一个群体（2005 年美国人口普查局数据显示，美国华人人口已达 452

万，是美国亚裔中最大的族群，也是所有少数族裔中仅次于墨西哥人的第二大族群）（Scupin，2003）。一方面，他们为了赢得与美国社会大多数人一样的权利和平等的地位，在不断地适应、调整和改变；但另一方面，他们仍会留有民族文化特征，承认自己的出身，是具有可辨的文化共性的离散民族群体。（Sheffer，2003）这两种身份认同的矛盾难以调和，处于持续不断的动态调整之中，但是会在特定的语境下发生倾斜。

（2）争取平等权利的“美国人”

有研究认为，“当争取平等的权利和社会地位是离散群体首先要为之奋斗的目标时，为了表明他们和其他公民别无两样，有些人会有意识地弱化他们的族裔性。”（徐颖果，2012）在网络社区的话语动员过程中，的确出现了这样的现象，在某些语境中，“美国人”的身份标签得到强调，而“中国人”的身份认同被弱化处理。

有意思的是，这次事件的特殊性呈现了一些新的特征。由于此次事件是一次借由多种网络新媒体进行的跨国范围的抗议活动，其动员对象涉及中国和美国等多个国家及地区的公众，行动者对族裔性的弱化依据不同的网络媒介、受众群体呈现出不同的选择结果。

如前文所述，行动者为了获得与美国公民同等的权利，有意识地弱化其族裔性，而强调其在所在国应该享有的权利，但这种表述集中出现在以美国华人或全美网民为主要受众的网络社区中，分别以未名空间和YouTube为主要代表。

未名空间作为一个相对封闭的美国华人的内部讨论和动员平台，行动者相互鼓励，为达到抗议目标出谋划策，因而采用了凸显其“美国人”身份的认同话语，赋予行动以合法性，从而增加底气，鼓励更多的人采取行动，参与其中，同时也确保言论的“政治正确”，避免产生不必要的障碍。如：

> “我们美国”而不是“你们美国”，没有哪一个种族才是注定的美国人。我们便是我们脚下土地的主人，华人要有这种气魄！
>
> 这件事请，不是美国人歧视中国人或者歧视华人，而且，华裔美国人本身就是美国人，断无自我歧视的说法。这件事只是Jimmy以及ABC的过失，我们仅是就此事究责。正如美国驻华大使馆所言，美国

广播公司应该对自己播出的节目负责。

而在 YouTube、We the People 这些面向全美网民甚至是全球网民的平台上，行动者更多地以“美国人”的标签来定义自己，强调自己特殊身份中所蕴含的普遍性，既暗示对所遭遇的不公平待遇不满，同时也表达了享有平等权利的诉求。

> Tell them, you are proud of your Chinese heritage, and you are as American as all the rest of your classmates. This is their land, and this is your land too.（告诉他们，你们为自己的中华血统而自豪，同时，你们和你们其他的同学一样，都是美国人。这是他们的土地，也是你们的土地。）
>
> We are standing here today, as Chinese Americans, Asian Americans, as we look at each other, we know that we are no longer the silent minority!（今天站在这里的我们，是华裔或亚裔美国人，当我们看着彼此的时候，我们知道我们不再是沉默的少数！）
>
> Actually, they are not even Chinese, they are Chinese American. We Chinese American are also part of America and are proud of our cultural heritage.（实际上，他们不只是中国人，他们更是华裔美国人。我们华裔美国人也是美国的一部分，同时也为我们的文化传承感到自豪。）

（3）作为“秘密武器”的“中国人”

民族利益群体的“秘密武器”既不是金钱也不是政治技巧……是为了某些特别的政治目的而激发起许许多多人对它们的文化或祖籍地强烈感情共鸣的能力（Mathias, 1981），共同的“故乡”所蕴含的历史、文化联系在一定程度上影响着离散族裔的集体认同与凝聚。

除了美国本土公众，此次抗议活动的另外一个重要的动员对象群体是中国网民。不管是在接受中国媒体的采访，还是在新浪微博等自媒体平台的发言，他们都在努力抓住这种亲情纽带以期获得更多的支持，从而对美国的相关责任方形成压力。

在使用“中国人”标签的时候，一方面是对“我们”的重新界定，通过跨越边界的网络媒体将远在大洋彼岸的祖国同胞纳入行动者的行列，以共有的民族自豪、忠诚、热爱进行更广泛的情感动员。

我们每一个人的心底里，都维系着一根绵长而又绵长的线，牵挂着我们在祖国的根。这根线不论扯得多远，都无法将它扯断。我们永远都是祖国的儿女，祖国的故土亲人仍然让我们梦牵魂绕，祖国的安危依然频频触动我们海外儿女心头最敏感的心弦……我们在世界的每一个角落让中华文明生根开花，我们面对着各种看得见看不见的歧视和仇视，勇敢地捍卫着中国人的利益和尊严。(B110)

游行完后，我直接穿着抗议的衣服回公司，好多美国人都问我，我很自豪地告诉他们，我们中国人不是好欺负的，我们今天的游行很成功。(B112)

另一方面，这里的“中国人”是作为与“美国人”的他者相对应而存在的，行动者以此来划分“内”与“外”，通过反对他者的经济、文化和政治剥夺构筑起“我们”的共同体，这种“抗拒性认同”为行动者短期的抗议行动提供了解释框架。

作为一个媒体的话，我想应该对国际政治和大国关系有负责任的态度。小孩讲的话是童言无忌，但是作为主持人来讲，这个玩笑是不能开的，这个是有损我们中国人跟中华民族感情的。(A4)

谁都知道 ABC 不可能为一个玩笑开除主持人，但必须让美国主流意识到中国人不再沉默。(A25)

如行动者所言，We Chinese American are also part of America and are proud of our cultural heritage，他们为争取平等权益而强调其“美国人”的身份时，也没有放弃其文化身份的归属，但是他们没有使用“中国人”

这种具有明显政治意味且指向明确的词语，而是采用了另一个指向群体更广阔的身份认同标签“华人”。接下来，我们将对该标签进行详细的讨论。

2. 标签“华人”

使用频率最高（70.4%）的身份认同标签是“华人”，它作为一个文化族群概念，包括中国人和已经取得所在国国籍但祖籍是中国的外国公民。[①] 那么，行动者是如何选择了这一身份标签进行自我定义的呢？回到事件的起源阶段，考察引起争议的视频、最初的请愿书及号召帖的文本，我们会对行动者的身份认同的建构过程有更清晰的认识。

（1）从“中国人”到“华人”

在面对 Jimmy 所提出的如何解决美国和中国的债务问题时，发言的孩子回答的是“we go around the other side of the earth and kill everyone in China（我们绕到地球那一边去，杀掉在中国的所有人）”。然而，在随后上传至白宫请愿网站并广为流传的请愿书。“Investigate Jimmy Kimmel Kid's Table Government Shutdown Show on ABC Network（调查 ABC 网站上吉米·基梅尔脱口秀与儿童圆桌会议之政府停摆节目）”中，“kill everyone in China”被替换为“kill all the Chinese”，号召帖《ABC 的 Jimmy Kimmel 在节目中煽动杀死所有中国人》中则直接将其译为“杀死所有中国人”。继而，文本中将“我们”统一为“少事懦弱但又好学聪明能存钱的黄皮肤种族”，还提出了华人文化传统中的“中庸之道”的批判，认为“我们不能让这种公然反华反人类的言论有任何可能在将来被主流媒体所默认”。

原本具有明显的地理边界意义的“在中国的所有人”，在行动者的间接引用中，被冒犯群体从具有地理边界意义的中国居民简化为具有政治意义的“中国人”，继而又使用了突破地理和政治界限的、具有更广泛意义的文化族群概念“华人”，并将自己纳入这个基于文化和民族而建立起的全球共同体之中。行动者自身显然也注意到了其中的调整：

① 关于“华人”的概念，在不同的文献中有不同的界定，众说纷纭。本书采信《现代汉语词典》（商务印书馆，1996，第 541 页）和《辞海》（夏征农主编，上海辞书出版社，1979，第 123 页）。

> 这并非仅是在美华人的事，节目提到的是“杀光所有在中国的人”，只是节目制作者在美国，在美华人承担起了为华族呐喊的责任！直接被中伤的在大陆中国人，更应该站出来！但据说这事尚未引起在大陆朋友们的关注，甚至有人在国内一些著名论坛上摆出事不关己高高挂起的姿态，实在是不知其可。[①] 团结起来！（B87）
>
> 还有许多国内的同胞对“kill everyone in China”的反应不如身处美国的人强烈，因为美国人可以直接威胁到的是后者。（B105）

这种说明主要是针对中国国内的部分网友提出的“小题大做”的批评的回应，但是也可以看出行动者对此事做出积极回应，并使用“华人”作为主要身份标签的现实因素。

（2）“华人”是谁？

经过逐篇的文本扫描发现，“华人”这一标签被添加不同的前缀，从而指向了不同的群体：

①在美国的、尚未取得美国国籍的中国人

②在美国的、具有中国血统的美国人

③在中国本土的中国人

④具有中国血统的各国公民（含中国）

综合来看，第④种解释在行动者的话语表达中被更多地使用。他们也对这一概念有清晰的、明确的界定，重点强调了这一身份标签“跨越国界、政治范畴”的特点。

> 华人这个概念，并非单指没有中国国籍的华人，而是指所有华夏儿女炎黄子孙。中国人是一个国籍概念，而华人是一个民族概念。国籍可以变化，但民族血脉与生俱来。（B74）
>
> 华人作为种族群体，它本身就是一个超越狭隘的政治、国界等范畴

① B87所写的“实在是不知其可”为原文，意思是“实在是不知道他们怎么想的”，作者应该是想引用孔子的“人而无信，不知其可也”。

的种族群体概念，因此这个代表华人整体利益的组织……在现有基本社会构架之内，捍卫华人群体超越狭隘政治、经济、文化意义上的，最基本最广泛的利益，让华人作为群体，获得符合人类现有基本文明程度的基本尊严和尊重。（B116）

在美国社会内部，离散族裔关心的是争取自身的政治权利和经济地位平等，而以祖籍国文化认同为基础而积聚的族群力量在美国的政治进程中呈现出不断扩大的趋势。（朱全红，2006）历史上，德裔、爱尔兰裔和非洲裔美国人等族群的经历表明，对其祖籍文化的强烈认同是他们获得平等权利和地位的重要武器，他们借此凝聚族群，继而抗争，并逐步融入美国主流政治之中。

这次抗议活动，所谓“在美华人”，很多参加的朋友，我相信都是中国华人，而不仅是美籍华人。大家为了共同的责任，走到了一起。（B74）

我们海外华人的命运是和祖国人民联系在一起的，我们渴望祖国同胞们向我们伸出温暖有力的援手，我们需要全球所有的有正义感的华人站出来，不再沉默，联合愿意对我们平等相待的美国人民，以及世界各国人民一起，对种族主义说“不”！（B110）

在上述文本中，行动者反复强调参与的群体并不局限于在美国的华裔美国人，而是期待所有有中华血统的人都参与进来，包括大洋彼岸的中国同胞。从该事件本身来看，行动者对跨越国界的民族身份的强调具有明显的现实利益考量。

美国华人这种自我身份的定义也是“民族”在身份认同中的存续问题的缩影。20 世纪 80 年代以来，“全球化进程导致了民族国家的衰微”的论调开始蔓延，全球文化基于对本土文化独特性的吸收而日趋混杂，世界如此不同，却又如此相同。

与此同时，另一种明显的趋势也不容忽视——在全球化的语境下，民族并没有消逝，反而成为同一民族在全球范围内组成跨国文化共同体的原动力，人口的全球流动促进了“跨国民族社会空间”的形成（石义彬、熊慧、彭彪，2007）。

在抗议吉米脱口秀事件中，行动者选取了“华人”这一跨越国界的身份标签进行自我定义和动员，借由新媒体平台的传播和动员，聚集了中国、美国、加拿大、澳大利亚等多国华人的参与，围绕该议题形成了临时的跨国民族共同体，“捍卫华人群体的利益”。在此过程中，“民族”成为重要的黏合剂。这种共同体的建构不仅为行动者提供了文化上的归属和依托，也有利于在实践层面上增强动员的效果。

> 太多的支持都为了我们同一个声音：我们要为自己的尊严而战，我们要为我们的子孙后代不再受欺负而战。我个人觉得通过这次事件我们要达到的真正目的是，让大家不可再忽视华人的力量，要改变对华人的看发（法）。我们不再是以前可以被随意欺凌的民族，让种族歧视消除。(B112)

甚至有 7.7% 的言论主动将亚裔和所有美国的少数群体纳入抗争群体中，这种共同体身份是基于在美国“被歧视”的共同经历建构起来的，这种身份定义不仅有利于赋予行动者以合法性，还有利于争取更多的参与者。

在研究离散族裔的身份认同时，学者常常聚焦于他们如何在多重身份中进行选择和适应，但值得注意的是，身份认同既是被主体所建构的，也是被他者所赋予的。正如行动者所言：

> 不管你生在哪儿，国籍如何，在别的种族群体眼中，你都是被归类华人。而且，这种所谓的被认同是不以个体意志为转移的，就是说，即使你自己不认同是华人，但是客观上其他所有的种族都认定你就是华人。(B114)
>
> 这个事情的本质上就是对整个华人种族群体尊严的侮辱，这个毋庸

置疑。而且，结合上面关于华人种族的概念，不管你愿不愿意承认自己的华人身份，客观上，所有的华人都是被侮辱的对象。（B115）

（3）什么样的“华人”？

那么，美国华人极力建构的“华人”是什么形象呢？通过扫描身份标签的动词搭配[①]，可以在一定程度上得到一个动词搭配的档案，“华人”这一认同类别标签既可能作为行动者与“支持”“维护”这样的动词搭配使用，也可以作为受动者，成为“歧视”“屠杀”等动词的宾语，记录这些动词搭配并结合特殊的语境进行分析，将有助于理解行动者的自我身份认同建构策略。

本书参考詹姆斯（2011：141）和张萌萌（2013：119）等学者在话语分析中所采用的动词搭配分类框架，并结合对文本中所有身份标签的动词搭配扫描，概括提取了其中主要的动词搭配方式。需要说明的是：其一，由于身份标签搭配的谓语动词常常是无实际意义的系动词、情态动词、助动词等，因此本书在进行数据统计中遇到类似情况时，则结合其后的实意动词对标签的动词搭配进行分类。其二，由于口语表达中常常出现语句成分省略的情况，尤其是系表结构中系动词的省略，在统计时将省略成分补齐。

A. 主动行动：与主动动词搭配，表示积极采取行动，包括对自己和他人。

典型词语：团结，站（出来），抗议/抗争/争取/斗争，争气，创造，游行，坚持，举行，递交，动员，要求，发声，联合，警告，筹划，打拼，劳作，（不再）沉默/忍让/软弱

---

① 搭配是在语料库语言学与话语分析结合应用中最常用的工具之一，一组词语的同时出现深具揭示意义，尤其当我们进行词语选择分析时。希金斯（Higgins，2004）提出：“文本是一个社会产物，它体现并再生对于权力的态度以及政治利益……深入思考词语的选择及安排可以深入洞察这些态度。”一个词语的重要搭配及模式能够展示其语义学概要，“因此使得研究者能够深入洞察一个单词的语义内涵及韵律学意义”（张萌萌，2013：93）。

例：全美华人在美国主要城市的抗议活动，不仅给 ABC 上了一课，也警告一些美国媒体，华人是不可以任意侮辱的，他们不再会无原则忍让，并将为自己的合法权益进行抗争。(A40)

例：All Chinese living near San Francisco，let's form a collective on Monday and protest outside the doors of ABC，Spread the word！（所有住在圣弗朗西斯科附近的华人，让我们周一在 ABC 门口集合抗议，发表我们的意见！(A88)

B. 受动于人：与被动动词搭配，表示承受他人行动的结果。

典型词语：屠杀，掠夺，取笑，开（玩笑），欺/欺负/辱/打，指责，伤害/迫害，禁止，蔑视/污蔑，漠视，丑化；尊重，听到，道歉，鼓励

例：该节目的制作是提前录制的，在播出前对这样的言论不删减，不谴责，反而任其播出，充分显示出该台蔑视华人的立场和主持人幸灾乐祸的丑陋嘴脸。(B107)

例：I am not here because they attacked the Chinese，because I believe if they attacked one of us，they attacked all of us.（我之所以在这儿抗议，不是因为他们攻击中国人，而是因为我相信，如果他们攻击我们中的任何一个，就是攻击我们所有人。）(B129)

C. 状态描述：与系动词连用，表示当前的状态。

典型词语：是＋薄弱，慎重，软弱，可欺，可歧视，丑陋，忍耐，温顺，善良，服从，任重道远，（日益）强大

例：类似的辱华言论，如果宾语换成美国犹太裔、非裔或西裔，那电视台一定不敢播出，一定会激起更大的抗议。为什么这事发生在华人身上？就因为华人软弱可欺可歧视吗？(A61)

例：很多年了，在好莱坞所有的电影、电视节目里，华人一直是丑

陋、萎小、软弱的形象，别告诉我这是无意的、不小心安排的……在职场，在学校，在社区，华人的印象是什么？是温顺、善良、柔和、服从，其实就三个字：好欺负。（B111）

D. 愿望要求：与情态动词连用，结合实意动词表示对于他人或自己的要求和愿望。

典型词语：（得/要/必须/应该/希望）学习，团结，加油，努力，强大，站出来，表达；（不要）沉默，顺从

例：华人要团结更团结、加油再加油，为美中两国的和平相处、友好交流奉献我们的力量。（A28）

例：Her hope is that these protests can unify Chinese people，and teach them not to be so obedient.（她希望透过这些抗议活动能够团结华人，告诉他们不要太逆来顺受。）（A94）

E. 其他。

这些类别不是随机选择的，而是有助于了解行动者借由“华人”标签所建构的自我身份认同，并且是对所有的文本来说都是重要的和有意义的。在此基础之上，对所有“华人”身份认同标签的动词搭配进行分析和统计，结果如下。

如图 5－1 所示，将近 1/3 的“华人”标签都与“主动行动”类的谓语搭配使用，即采用“抗议”“团结”等在此具有积极意义的主动动词，或将表否定的助动词与“沉默”“忍让”等消极行动动词连用，大体建构起了一个积极的行动者的形象，积极抗争的情绪在这些词语中蔓延。

第一阶段：华人公开发出反抗声音，包括游行、请愿等各种形式，迫使 ABC 和 Jk 方面承认问题的性质，比如道歉等。

第二阶段：采取合法的、符合美国惯例和法制体系的、对方无法回避的斗争方式，包括集体诉讼、谈判等，提出我们的最终目标。

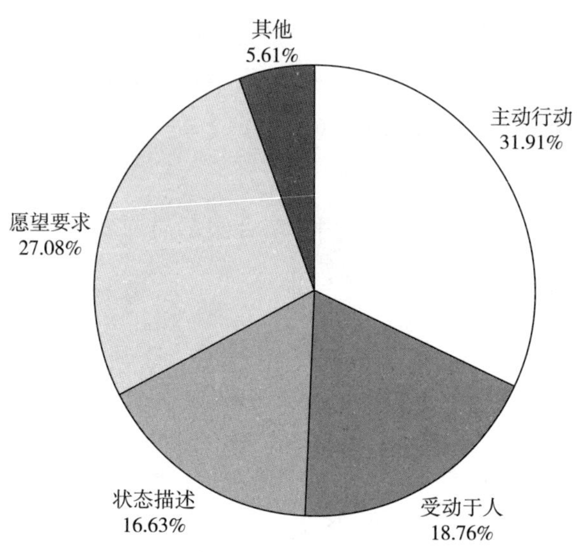

图 5-1　标签“华人”的动词搭配情况概览（N=517）

> 第三阶段：华人种族团结准备，密切关注第二阶段的进展，保持强大的压力态势，以确保第二阶段目标的实现。(B117)

在行动者发表于“未名空间”的这篇题为《分三个阶段，最终达到一个目的》的帖文中，语言风格直接，立场明确而坚定，它所建构的身份标签是相当主动的。“公开发出反抗声音”“游行请愿”“迫使……承认”“采取”“诉讼”“谈判”“提出”“团结准备”“保持”“确保……实现”，尽管“我们”不能完全控制事态的发展，但是“我们”在尽最大努力去争取平等的权利。

然而，“受动于人”和“状态描述”这两类谓语搭配却塑造出了与此截然不同的“华人”形象——在“受动于人”类型的谓语搭配中，“华人”作为宾语，其对应的主语主要是“美国（人）”“吉米”“ABC/电视台”，同时大量使用了“屠杀”“欺负”“污蔑”“伤害”“嘲弄”“（没有得到）尊重”等具有强烈负面情绪的谓语①，建构起了“弱势”的“我们”。在使

① 需要补充的是，在被动语态的谓语搭配中，出现了少量类似于“鼓励”“道歉”“听到”“尊重”等积极意涵的词语，但由于其属于少数例外，因此在正文中不做额外讨论。

用系表结构进行“状态描述”的时候，也建构起类似的身份形象。

> 现实是，华人在美国的每一天都可能被嘲弄、被取笑，没有得到尊重……我们如果这次不能真正胜利，至少两代华人还会被欺负。(A24)
>
> 在所有这些罪恶的行动付诸实施之前，针对整个华人族群的丑化和诬蔑就已经开始了。(B110)
>
> 长期以来，华人被指责为廉价劳动力，可以追溯到《排华法案》，所以很多如同我这样的华裔……都非常了解自己的家庭如何受到《排华法案》的伤害。(A55)
>
> 华人团体的力量是非常薄弱的。(A22)

在对网络社会中的认同进行描述时，卡斯特（Castells，2003：6）提出了“抗拒性认同”的概念，即“那些被社会主导的逻辑所贬低或污蔑的行动者，他们倾向于将自我界定为不受欢迎的群体，并围绕‘内’与‘外’的划分原则，通过反对他者的经济、文化和政治剥夺构筑起‘我们’的共同体”。这种抗拒性的身份认同建构在这两类动词搭配中体现得尤其明显，行动者使用相关的谓语搭配将“华人”定义为被贬斥的、弱势的族群，据此凝聚更多的力量，形成“对排斥者的排斥”。

这两类身份标签的建构方式还有一个明显的相似之处——通过大量对历史的回溯去丰富其对身份认同的建构，强化这种“弱势”。从最初修建铁路的华人劳工，到《排华法案》，“在所有这些罪恶的行动付诸实施之前，针对整个华人族群的丑化和诬蔑就已经开始了”（B110），再到近年的“很多年了，在好莱坞所有的电影、电视节目里，华人一直是丑陋、萎小、软弱的形象，别告诉我这是无意的、不小心安排的……在职场，在学校，在社区，华人的印象是什么？是温顺、善良、柔和、服从，其实就三个字：好欺负”（B111），和新近发生的陈果仁事件，这些“创伤性记忆”使“集体受难经验常成为凝聚族群认同的工具……得以强化及维持族群边界”（王明珂，2006：32）。

在27.08%的“愿望要求”类标签搭配中，行动者使用情态动词或祈使句表达其愿望和诉求，如“（得）学习”“（必须）团结”“（应该）主导”“（要）加油”。例如：

> 我们华人……自己要团结起来，我们自己要努力起来，我们自己要强大起来，强大就是真正的要参与美国的政治。(A59)
>
> We call on ABC to immediately issue a formal, open and meaningful apology to all Americans, particularly to Chinese and Asian Americans.（我们要求ABC立即向全体美国人发表一份正式的、公开的和诚意的道歉，特别要向华裔和亚裔美国人道歉。）(B124)
>
> 华人需要打破沉默，让美国大众了解华裔和亚裔的历史，树立尊重亚裔的价值观；需要借鉴民权运动的经验，积极参与美国政治，才能防止惨痛历史的重演，才不再会是被忽视的透明族群。(B105)

这些呼吁坚定、直接又充满希望，不仅表达了他们对吉米事件的态度和期待的处理方式，还规划了“华人”群体的未来发展，建构起的同样是一个积极行动的“华人”群体。

（二）离散华人的跨文化身份认同建构的影响因素

任何语篇都是在具体的社会历史条件下产生、传播和接受的，要从行动者的话语表达中去考察其身份认同的建构，不能脱离产生、传播和接受这些语篇的具体时空场合，因此，在完成对华人行动者所使用的身份标签的特征描述和分析以后，将它们置于更大的社会语境之下进行社会历史分析，去再现这些具体条件，进而理解和阐释这些话语、行为和事件。

本节的社会历史分析主要包括以下三个方面：技术分析，即对赖以产生、传播和接受语篇的媒介的分析（汤普森，1990）；历史分析，着重考察美国华人的身份认同变迁，以及在此次事件中被反复提及的重要历史事件；政治经济分析，关注当前影响华人行动者身份认同建构的政治和经济条件。

1. 技术分析：新媒体的使用

从口语传播到电子媒介传播，媒介的发展经历了由时间—空间—时空的变迁，而社会的建构性由此依次加强。自20世纪60年代以来，媒体逐渐成为政治表演的舞台——个人所认同的是通过媒体再现的群体、偶像、政治事务和斗争，而新的身份认同模式也借由媒体来传播；反过来，观众也通过媒体所建构的认同体现个人身份的主要特征（道格拉斯，2003：131）。

伊玛·图拜乐（2009：421）在描述这种媒介与身份认同的关系时也指出："如果我们认为文化认同是一种象征性的结构而不是已经存在的需要描述的事物，我们将会理解在全球通信环境下认同的形成受媒体的高度影响，每天媒体建构着我们对其他人和自己的感觉。"

至此，媒介对身份认同建构的关键作用已经毋庸置疑，但以往的研究大多着眼于大众媒介如何支持或反对这种关于身份政治的社会运动，而此次的美国华人抗议运动却由于媒介技术的变迁出现了新的变化。

（1）作为信息传递的载体

此次社会运动具有鲜明的网络社会的印记，新媒体使用贯穿线上、线下社会运动的发生、发展过程，被认为"这一次的抗议活动，由于有大量年轻人和专业人士的参与，新媒体也在其中发挥了重要作用，这使得美国主要城市的华裔得以在很短时间内达成一致，形成全美范围的行动"（A60）。

摘录：

Kimmy Got is a middle-aged housewife who lives in New Jersey. She was born in Hong Kong and emigrated to the U. S. in 1991……She says that she first heard about the protest via a friend's email, and she was immediately hurt. （Kimmy Got是一位居住在新泽西的家庭妇女。她出生在香港，1991年移民到美国……她说，她最初是通过朋友的邮件听说了抗议的消息，当时就觉得自己受到了伤害。）

……

So she went online, where she found others who were insulted. These groups began to organize themselves, first via email lists and then via a Wiki-based website. （所以，她去上网，找到其他也被冒犯的人。这些群体

开始自我组织先是通过邮件组，后来是维基类网站。）

The Wiki offers a fascinating glimpse into the movement. One page lists potential slogans for the group, including "Fire Jimmy Kimmel, the new Hitler!" and "ABC, Don't kill me! (Let some cute kids holding this post)." On the poster page, there is a suggestion "if there are any Nazi symbols, I suggest you draw a cross above it." The website includes information about discrimination against Chinese-Americans, including an explanation of the murder of Vincent Chin, a man beaten to death in Michigan in an act of anti-Asian violence. [维基网站提供了与运动相关的丰富信息。有一页写到了群体可以采用的口号，包括"解雇吉米，新的希特勒！""ABC，不要杀我！"在另一个活动海报页面，有人提出了建议："如果出现了任何纳粹的符号，我建议在上面画一个叉。"这个网站还有美国华人遭受歧视的信息，包括对陈果仁（Vincent Chin）被杀案的介绍，他在密歇根的一次反亚裔暴力事件中被打死。]

Got went to the first demonstration in front of ABC's offices in New York City at the end of October, and she admits she was shocked that more than 100 people turned up. "It was just people talking online," she says. (Got 于 10 月底参加了在纽约 ABC 办公楼前的游行。当她看到 100 多人聚集在此的时候，她震惊了。她说："他们就是那些在网络上讨论的人们。")（A94）

在这篇刊载于 Business Insider 的文章中，出生于香港后移民至美国的华人 Kimmy Got 描述了她了解和参与抗议活动的过程：首先从朋友的邮件中得知此事，然后上网找到其他关注此事的人，接着大家通过邮件、维基类网站①进行自我组织，这个网站上提供了与运动相关的丰富信息，"有一页罗列了可以采用的口号……在另一个活动海报页面有人提出了建议……这里还

① 根据报道原文提供的链接，Got 在这里提到的维基类网站为 weidb（微动博），下文会对该网站进行更详细的介绍。

有华人遭受歧视的资料……"，当她去参加第一次在纽约 ABC 大楼前的抗议时，她惊讶地发现"这就是大家在网络上讨论的那样"。

在此次抗议动员中非常活跃的美国华人留学生@君行莫道早也对此次运动中的新媒体使用有简要描述：

> 10 月 19 号，就 ABC 节目，张先生开启了白宫联署。10 月 20 号，我建立了脸书页面，对 Jimmy Kimmel 开始进行批判。10 月 23 号，我匆匆建了很简陋的报名网站 weidb（微动博），希望能够蚂蚁雄兵星火燎原。(B44)

新媒体起到的重要的联结作用在一些典型的抗议事件中都有所体现：

> 2013 年 10 月 28 日，由"未名空间"旧金山版版主张奥厉和东湾发起人陈锡澎，及海外华人互助会等民间组织和社区人士发起的抗议示威活动中，绝大多数参与人士都是通过本地社交网站上获知活动消息。
>
> 行动者在"我们人民"（We the People）网站发起要求美国政府调查吉米脱口秀该期节目的请愿，成功征集到了来自全球各地的 10 万人签名，并获得白宫回复。

行动者通过极富煽动性的表达方式，在新媒体发声、串联、扩大影响、协同行动，使运动得以超越时空界限，在全球华人群体中蔓延，最终促成美国政府和 ABC 的官方表态。其中，以下几种主要的新媒体平台起到了重要作用。

表 5－11　新媒体社会运动中的新媒体使用及其功能

类别	新媒体	新媒体社会运动中的功能
视频网站	YouTube	YouTube 是全球访问量最大的视频网站。抗议运动的导火索：Jimmy Kimmel Live 的中英文双语节目片段及多位关键行动者（如华人教授李春燕）的抗议演讲视频都在该网站上广泛传播，成为重要的视频资讯分享平台。

续表

类别	新媒体	新媒体社会运动中的功能
网络论坛	未名空间 mitbbs	创建于 1996 年，主机位于北美，拥有数十万海外注册用户，其 85% 流量来自美国①，自称是服务全球华人的综合性网站、海外华人第一门户。此次社会运动在该论坛引起大量的讨论和参与，成为发起、动员和组织抗议活动的重要沟通渠道。
政府网站	我们人民 We the People	该系统是美国白宫网站的组成部分之一，为针对当前政府的政策进行请愿而设计的，30 天内签名数量达到 10 万的请愿将会被政府官员审阅，并获得官方回应。此前，有华人网民针对一些涉及中国的政治议题在该网站发起联署签名，试图引起美国及相关国家政府的关注，对涉事方形成压力。节目播出后的第四天，美国华人就在该网站发布相关文章，号召全体华人加入抗议。
网络论坛	北大未名 BBS	作为北京大学唯一的官方 BBS 论坛，是中国最具影响力的高校论坛之一。运动发起之初，华人校友在论坛发布的号召帖《ABC 的 Jimmy Kimmel 在节目中煽动杀死所有中国人》是国内社交媒体上最早的相关帖文，随后迅速转向新浪微博等网络平台上的讨论。
社交媒体	新浪微博	作为面向全国公众的开放式讨论平台，它成为此次抗议活动在国内社交媒体中最大的传播渠道。@黄西、@君行莫道早等人在微博上进行的号召和动员，引发了中国网民对该事件的关注和讨论。
社交媒体	微信	作为私人化的社交媒体，便于美国华人在同质性较高的社群中进行信息的传播。例如，行动者在讨论组中进行运动信息的分享和线下行动的组织，并通过公众号 Civil Rights 对国内用户进行相关信息的推送。
社交媒体	Facebook	行动者在此平台上建立多个活动页面或专页，如 Boycott Disney for ABC Jimmy Kimmel Kids' Table Live Show、Global Online Demonstration，进行运动信息的及时分享和动员，成为活动组织的重要平台，使信息的分享不再局限于小范围的群体传播，扩大了活动的影响力。其中，Investigate Jimmy 在行动结束后域名被更改为 civilrightsact，继续作为华人维权运动的重要站点。
协作平台	Google 协作平台	一款基于 Wiki 的在线网站制作系统，任何人都可以创建一个以团队为导向的网站，行动者在此基础上建立的 Boycott Kimmel, ABC, and Disney 网站提供了一系列关于抗议参与方式及材料的材料，进行及时的信息分享和行动协调。
协作平台	微动博 weidb	与 Google 协作平台的机制类似，提供抗议活动日历、行动参与者信息收集、抗议海报上传等功能，方便行动协同；此外，《Join our protest, let our voice be heard》《ABC 辱华事件之后的思考》等帖文得到广泛传播。
邮件组		在运动发起初期，邮件是重要的信息传递工具，尤其是对于美国华人的熟人社交圈内的联络起到了非常关键的作用。

① "Web Site Helps Chinese in U. S. Navigate Life," *Wall Street Journal*, October 26.

“新媒体网络作为社会运动结构的一部分，它将实际行动者和潜在行动者联结起来，促进潜在行动者的参与。”（Passy，2003），从表5－11可以看出，在这场社会运动中，行动者综合使用了中美两国的多种媒介工具，新媒体丰富多样的表现形式为行动者提供了有效的动员工具，使他们得以进行具有煽动性和感染力的政治信念宣扬和文化传递。

（2）作为身份认同的建构空间

福柯曾在《权力的技术》一书中提及“自我科技”（technologies of self）的概念，这是一种个体借助于媒体中介来叙述自己、再现自身的工具（瑟洛，2006）。在那个时代，福柯所论述的是主流意识形态如何透过强势的大众媒体来传达和呈现意识形态；而如今，互联网等新媒体的出现，赋予了个体使用媒介工具进行自我意识传达的自由，个性化的“自我”得到凸显，“自我科技”切切实实地成为可以为个人所使用的一种衬托、体现、创造后现代主体身份与认同的科技手段。

一方面，广播技术的最初出现使工人们意识到其他地区的人们的类似的抗争，并帮助他们将自己的困境归咎于工厂所有者，从而在集体认同的建立和发展中起到关键作用，促进运动参与（Roscigno & Danaher，2001）。而新媒体在此次运动中也发挥了类似的作用。及时、广泛的信息扩散加强了群体成员对自身不公平现状的感知，遥相呼应，基于对“歧视和偏见”的共同抵抗，建立起了超越地理界限的“华人共同体”，甚至得到其他族裔群体的支持。

另一方面，随着新媒体技术对时空限制的打破，信息的快速交换使人们可以在没有直接接触的情况下形成“共享的意义空间”，从而使得美国华人行动者所极力建构的超越地理、政治界限的“华人”身份认同标签成为可能。

共享的空间、文化和语言场域是建立和维系社群的基础，正如Grice（2002：93）所言：“美国华人……认同的华人，也是和他们一样的华人，而不是抽象的、他们无从认识的华人。”来自全球各地的华人都有着各自不同的经历，但是多样化的新媒体平台为他们提供了一个共有的空间，他们在这里频繁地与昔日的“远处”进行交流和互动，交换着他们对吉米脱口秀的态度、对民族的观念和价值，甚至各自的文化和生活，从而在这种共享的场域中建立起了对“我们”的想象性认同。

安德森曾提出“想象的共同体”（imagined community）的概念，认为社群的存在是想象出来的，因为“即使是最小民族的成员，也不会认识其他的成员，碰见他们或甚至听过他们，不过每个成员的心里，却享有彼此交流的印象”。而如今，新媒体所能提供的多元化的信息传播方式使得这种关于“我们”的“想象”变得更加立体和真实，在此基础之上，中国文化的跨国共同体的形成成为可能。劳伦·朗格曼（2014）甚至认为，互联网的“后亚文化”正试图构建全球取向的身份认同与策略，以便使采取的行动既具有地区性又具有全球性。

此外，现代通信技术的发展为人员、资本和文化的全球流动提供了基础，人们在面临日益复杂的外部世界和多样化的文化选择时，建构起一种多元化、混杂性的文化身份认同。

离散族裔在迁移的过程中，越来越多地受到他人、他地的观念和价值的渗透，而新媒体的出现也加速了媒介文化产品的跨国交流和传播，在一定程度上将“远处的风貌”拉近，使他们仍然能保持与故土的联系，进而形成一种混杂性的身份认同，“一种包含了各种不同的甚至是相互冲突的关于自我、社会和世界的观念、态度和行为方式的体系”（石义彬、熊慧、彭彪，2003）。美国华人的双重甚至多重身份认同在此次运动中显露无遗。

作为“中国人”的“我们”，行动者积极地强调所共有的文化根基，通过强调这种身份标签来建立和强化这种以民族和血脉为基础的共同体；作为“美国人”的美国华人行动者，则是积极地强调其公民身份从而争取平等的权利。与以往研究中所认为的“两难境地”不同，行动者在使用这两种身份标签时，更多地出于运动动员的考虑，在面向不同的群体、不同的媒介平台时，对这两种身份认同进行选择性、策略性地建构。

而行动者之所以能够自由地切换于不同的身份标签之间，同样与其身份认同建构的载体相关。在新媒体平台上，人们可以使用文字、图片、视频等各种符号去进行自我塑造与创造，自由地构筑自己浮动不定的身份能指，在这个空间中，“自我是多样的、流动的，由机器连接的互动所构成……只要

你希望，你可以全然重新定义你自己。你无须如此担心其他人为你安排的位置……他们眼中所见的只有你的文字”（Turkle，1995）。

有研究认为，新媒体的出现降低了正式组织在社会运动中的重要性（Arquilla，Ronfeldt，2001；Earl，Schussman，2003），在这次运动中个体的作用的确更加凸显，但是社团组织的作用也在邮件群组、社交媒体、网络社区等新媒体的串联下得到放大。以 80 – 20 促进会、美国华人社团联合会等华人团体为核心，遍布全球的组织和个人都参与进来，他们借助新媒体平台的联结，进行信息共享和行动协作。围绕“华人”身份认同集结起来的大量个体形成了对决策者有实际影响的“虚拟群体”，而正式组织作为其代表与相关方面进行交涉，敦促其采取相应的措施。

2. 历史分析：创伤性记忆与适应性变迁

根据上文的研究发现，行动者在进行“华人”身份认同的建构时，通过大量对历史的回溯去丰富其对身份认同的建构，从中可以看到历史的因素对美国华人的身份认同建构的影响。具体看来，行动者对不同历史的认知和引用都有着不同的效果。

（1）源起于《排华法案》记忆的“被排斥”感

在美国华人行动者对集体历史的追溯中，最常被提及的就是《排华法案》：

> 19 世纪中叶加州淘金热之时，中国劳工远渡重洋来美国采矿，修筑横贯美国大陆的铁路，歧视和迫害从到达新大陆的第一天起就如影随形。……1882 年，美国国会通过《排华法案》（Chinese Exclusion Act），这是美国法典里唯一一部完全针对特定国籍和族群的章节……对当时从欧洲大陆移民美国的白人来说，美国是自由与充满机会的热土；对于当时在美国的华人来说，美国却是一个生存环境恶劣的血汗工厂。（B105）
>
> 对中国人的丑化、排斥和敌视是跨越一个多世纪的白人狩猎游戏，远远超越时空和政体……他们被驱赶、隔离，甚至妒恨屠杀，焚烧中国城，掠夺华人财物的事件层出不穷。对于中国人的恐惧、仇视

和不断诬蔑终于导致了臭名昭著的《排华法案》。这是以“自由”为根本原则建国的美国立法排斥的唯一的一个种族，“华人”……在所有这些罪恶的行动付诸实施之前，针对整个华人族群的丑化和诬蔑就已经开始了。请了解一下当时对华人族群的描述：rat-eating，opium-smoking，sexually depraved，untrustworthy subhuman.（食鼠人，大烟鬼，性变态者，不可信任的下等类人族）。(B110)

We Chinese know it's a joke, but you have to understand this is a snowball effect from all the other hate we've been getting from America.（我们华人知道这是个玩笑，但是你必须了解，这是我们曾经遭受的美国社会的仇恨滚雪球的效果。）(C5)

华人社会对这段历史有着深刻的记忆。在这段历史中，“华人”是被排挤、被歧视、被驱赶的群体，而且被当时的社会贴上了各种侮辱性的标签，这段惨痛的历史至今仍然影响到美国华人在美国社会的地位和活动：

洛杉矶聚居着众多华人，其中一些城市的华人数量甚至可以占到总人口的两成以上，亚裔作为美国的少数族裔之一，不时还会“享有”难入流的“待遇”。(A51)

此外，中华民族在近代历史上所遭受的屠杀和掠夺、美国近年来对一些国家的出兵仍然历历在目，更加深了华人群体在面对“kill（杀死）”这种字眼时的不安。

我们中华民族由于近代的积弱和善良的天性，一直是列强奴役、盘剥和屠杀的对象，多次遭受大规模的屠杀。最近一次是 1937 年的南京大屠杀。我们对被屠杀的感觉记忆犹新！(B110)

As a Chinese, I could feel the hate from American kids to adults. Also, I have seen their invasion to other nations and so many killing in Afghanistan, Iraq, Libya, Vietnam, Korea, Grenada, Panama, Somalia,

Haiti, Sudan, Bosnia and Herzegovina, Yugoslavia etc. USA in the name of ‘human right’ to kill people. So china should rise its economy and military to USA invasion threat.（作为华人，我能感受到美国社会从孩子到成人的仇恨。我也曾见到过他们对其他国家的入侵，并在阿富汗、伊拉克、利比亚、越南、朝鲜、格林纳达、巴拿马、索马里、海地、苏丹、波西尼亚、黑塞哥维那、南斯拉夫等国家制造了大量的杀戮。美国以“人权”之名进行屠杀。所以中国需要提升经济和军事力量来抵御美国的入侵威胁。）（C7）

在过去一百多年的时间里，华人群体在美国社会遭遇过严重的排挤、歧视，而中华民族也曾经历过血流成河、民族危亡的时刻，这些记忆依旧鲜明。因此，当他们再次遭遇这种在他们看来带有歧视性、暴力性的话语时，就会变得敏感，在身份认同的建构中，将“我们”界定为“被排斥”的群体也就不足为奇。

这种创伤性的记忆和被排斥感不仅影响了华人群体对自我身份的感知，甚至成为他们奋起反击的“武器”。对这种集体受难经验的纪念得以强化族群边界，成为凝聚族群认同的重要工具，同时也赋予他们抗议行动的合法性。围绕这种“被排斥感”，他们开始了对“排斥者的排斥”：

既然对华裔的歧视贯穿美国历史，那么华人就有完全的正当性去要求社会对歧视华人的言行严肃对待，主张属于华人的政治正确。（B105）

此外，非裔、拉美裔等离散族裔及其他弱势群体在美国的权利斗争也给了美国华人极大的勇气，当他们把“我们”的身份界定为“少数族裔”的时候，既是对“被排斥”的感知，同时也给予了自己抗争的理据和信心。

就如，“人人生而平等”的神圣原则，民主、自由这些价值，在美国建立之初就已经确立……还会出现反对“种族隔离”的民权运动？……更重要的在于，从真实的历史看，或许没有什么是完全“与生俱来”、理所当然的权利，每一个具体的权利的实现，不是通过从上到下的恩赐，而是靠着对于个人权利的觉醒与抗争才获得的。（B105）

然而，并不是所有美国华人都支持这场针对吉米脱口秀的抗议运动，认为行动者过于敏感的言论不仅在美国网友中出现，同样有明确表示自己身份为“华人”的网友表示对这些抗议的不理解。

I'm chinese and this was kind of funny lol it's obviously a joke. People are so sensitive nowadays.（我就是华人，但我觉得这挺可笑的。这明显是个玩笑。现在的人也太敏感了吧。）（C6）

当然也有美国华人行动者对于这种质疑表示回应：

受歧视是个人感受，其他族群永远无法站在你的位置，感受你所感受到的愤怒。一个群体的集体感受，往往与特殊的 context 有关，对此美国社会有能力也有意愿去理解，前提是这个群体需要向社会发出声音。认为华人 over-sensitive 的那些人，其实是 under-sensitive，两者意见达成一致的办法可以是华人忍气吞声，也可以是把合理的标准向对方推进，让他们了解对待华人必须有同等的 sensitivity。（B105）

这种分歧一方面与华人在美国社会的政治经济地位的分化有关（将在下面详细描述），另一方面可能的原因在于族群记忆的断层。

由于美国长期排斥华人移民以及中国大陆与美国关系在 1949 年之后中断，来自大陆的华人在近三十年才重新开始大规模流入美国，新移民没有经历过《排华法案》的迫害，而且他们之中的一部分对于这种遭受歧视和排挤的记忆是没有认知和继承的，于是和老移民之间的记忆出现了断层。于是，“不同辈分的人虽然共处于某一个特定场合，但他们可能会在精神和感情上保持绝缘”（保罗，2000：3），那么，他们不能接受这种建立在被排斥感基础之上的身份认同也在情理之中。

离散族裔或移民的第二代的族群由于环境的变化和交流的缺乏极容易产生“结构性失忆”，割断与自己所属特定族群的世代记忆，成为缺乏共同“历史”的群体。也正因如此，在新媒体为每个人提供了便捷的表达渠道的环境下，如何在这种群体事件中铭记、镌刻过往的历史与事件，去追述共有的文化和创伤，就成为族群宣示其主体性并强化其集体身份认同的重要手法。

（2）不断变化中的美国华人身份认同

离散族裔作为一种社会—政治的构成，它与祖籍国和居住国的关系永远是一个客观的存在，他们自视属于同一族裔，却永远作为少数民族定居在某一居住国。（Sheffer，2003：9－10）他们与居住国、祖籍国和国际参与者之间的复杂关系的变化也决定着他们的身份认同的变迁。

经过一百多年的美国生活，移民美国的华人已经衍生了第二代、第三代，甚至第四、第五或更多代。据 2007 年美国人口普查数据显示，美籍华人总数达 340 万，占美国总人口的 1%，离散华人群体成为美国社会中不可忽视的族群。

19 世纪移民美国的华人总体上保留了“中国人”的身份认同，拒绝“美国人”的同化。

一方面，这批被称为“旅居者”的早期移民所受到的教育仍然是中国传统文化，有着强烈的“落叶归根”的情怀，即使身在美国，也仍然在生活方式、文化价值、社会习俗、政治认同等方面保持着家乡的传统，以回归家园作为在美国打拼的动力。另一方面，华人劳工的出现对美国本土和爱尔兰等其他族裔的劳工形成了压力甚至威胁，受到指责和排挤。再加上《排华法案》的出台，即便华人愿意接受美国文化的同化，也难以实现。

Suchen（1991：187）指出：作为移民，他们面临的生存问题和许多欧洲裔移民是同样的，但是作为外表明显不同于白人移民的少数族裔群体，华裔一直被看成是“永久的外国人”。

19 世纪末至二战结束的半个世纪中，美国华人不断受到来自中国、美国、日本等国家以及自身经历的冲击。第一代华人移民仍然比较全面地认同其“中国人”或“华人”的群体身份，但分化也开始出现，“双重认同”的现象日益明显。

从甲午战后到日本大举发动侵华战争，美国华人原有的宗族、地域、方言认同群体继续受到来自中国各政治派系及政权更迭的影响，造成华人族群内部的分化，但美国社会对华人的偏见和排斥及中国国内抗日救亡运动所激发的民族主义情绪，从“内”、“外”两个方向推动着华人族群的整合，“华人”甚至“中国人”的群体身份认同得到强化。

同时，华人新移民和第二代的土生移民接受了更多来自美国学校与社会的文化影响，开始倾向于认同美国本土文化，“美国人”的身份认同逐渐形成。但是由于家庭和传统文化的影响，他们成为处于两种文化之间的“边缘人”。

1943 年，《麦诺森法案》（Magnuson Act）的出台为希望获得公民权的华人提供了新的可能性，成为美国华人认同转变的重要节点。冷战开始后，中美两国关系及世界形势的变化推动更多华人开始扎根美国，“美国人”的身份认同开始被更多地接受。

虽然华人群体在融入美国文化的过程中不断地为了适应而调试，但是他们仍然是具有可辨的文化共性的离散民族群体。

此外，对华人来说，虽然很多原因造成了他们的“分裂属性”，然而可以充分肯定的是，离散成员一直和其他社群保持着密切而富有意义的关系（黛博拉，2009）。这些华人移民并非只是被动地接受美国文化的影响，他们对中华语言和文化的传承也在一定程度上影响了当地的文化和价值观念。受到 60 年代以后黑人平权运动的影响，华人的“族群意识”日益强化，跨越“华人”族群界限形成“泛亚裔认同”也成为美国华人争取平等权益的手段和途径。

总体来看，在华人身份认同的变迁过程中，“中国人”“美国人”“华人”“亚裔”“少数族裔”这些身份认同都在不同的时期分别占据上风，在某些特殊时期，共存于华人的这些不同的身份认同因其不同的指向而难以共融，甚至发生矛盾和冲突。

从这段历史的梳理可以看出，美国华人的身份认同仍然处于不断的变迁之中，而他们所建构的不同的身份认同恰好印证了前文对美国华人行动者身份认同标签的梳理，但是，与过去一些历史事件不同的是，他们在此次抗议运动中所建构的不同种类的身份认同并非完全是被动的选择，而是为了实现族群的目的和发展而做出的策略性调整。相同的是，无论他们对身份认同作何种选择，都是他们对当时具体的社会环境做出适应的结果。接下来将对这次事件中影响行动者身份认同建构的现实社会条件进行具体分析。

3. 政治经济分析：居住国、祖籍国与族群

离散族裔的身份认同的建构至少受到三方面因素的影响：居住国、祖籍国和族群，这里将综合这三个方面的因素进行分析，考察当前社会的政治和经济条件分别发生了什么变化，从而影响到美国华人在此次社会运动中的身份认同建构。

（1）“歧视”的客观存在与主观感知

“身份政治起源于个人所受到的各种负面体验。”（道格拉斯，2003：131）当离散族裔群体被社会支配群体强加身份标签，从而被视为边缘人，受到歧视和排挤时，他们常常会产生逆反心理，试图去重新界定自己的身份认同，并依托族群展开集体行动表达不满与愤怒。抗议吉米运动的导火线正是华人所感受到的“歧视”。

如张纯如（Iris Zhang，2003：390）所说：“华人在美国居住已有150年的历史，对美国的发展做出了巨大贡献，但至今仍被视为‘永久的外国人’。”时至今日，美国主流社会对华人的歧视和排斥仍然不同程度地存在于政治、经济和社会文化等各个方面，他们的就业、教育和政治参与等权益都遭受了不利的影响。

> 一位在洛杉矶生活了近三十年的曾姓朋友告诉我，虽然家人都已经成为美国公民，但他始终无法说服自己加入美国国籍。自高中从湖北举家来到美国，求学、工作的经历不时会提醒他自己“与众不同”。他告诉我，“土生土长的美国人会用异样的眼光看我们，工作时只有付出更多才能得到相同的回报”。

无论节目主持人、制片人甚至公司高层如何看待“kill everyone in China”，当儿童说出这句话的时候就已经反映了美国社会对“华人”或“中国人”的一种态度，至少是有一部分人有这样的观念，而使孩子受到了这样的影响。抗议游行的华人行动者不是不懂“童言无忌”的道理，他们要抗议的其实是整个社会对华人有意或无意的歧视和偏见。

> 我们不难得出结论，那不是一个孩子的念头，而是这个社会早已不知不觉地把这个念头塞进了一个孩子的头脑。(B14)
>
> JK（Jimmy Kimmel）在这一点上是绝对没有有意识地宣扬种族屠杀中国人。事实上，这是美国的潜意识在漠视华人群体，而不是 JK 有意歧视中国人。(B105)

因此，华人行动者将自己建构为“被排斥”的“华人”甚至“中国人”，既是对当前的客观环境的担忧，毕竟如果“kill every one in China”真的成为现实，那么首先遭受侵犯的一定是这些散居在美国各地的华人；同时，这也是对长久以来所遭受的主流社会的“歧视”的抗议，他们期待借由这次的抗议，抗议和抵制主流社会的歧视和偏见，谋求族群更好的发展环境。

> 孟先生（华人家长）：我更加希望我们的下一代能够很自由地生活在美国，我不希望她受到任何的歧视，我作为一个父亲真正的心声就在这里。(A32)

（2）“崛起”的中国与“强大”的美国

有意思的是，在是否“被歧视”这件事情的判断上，美国社会和华人群体的认知并不相同，这与当前中美的发展状况有着密切的联系。

一方面，伴随着中国的经济发展和在国际社会的地位提高，它被视为美国的潜在敌人。与此同时，华人移民的增加对就业和买房造成的压力、中美贸易逆差和债务等外交问题的交织，使美国社会出现了“黄祸论”“中国威胁论”的论调。如前文所述，参加节目的儿童说出这样的言论就已经反映了美国社会部分人对于中国的态度。而英国《每日电讯报》指出，节目中体现的这种仇视或许是有现实根源的：在美国保守派的圈子里，中国通过债务来要挟美国是一种常见的论调。

但另一方面，正是因为中国的崛起，再加上华人在学业、工作等方面的出色表现，在很多美国人的观念里，华人并非弱势群体，反而日益成为“强者”，因此，对华人的嘲笑并不是政治不正确的事情。从美国社会对种族歧视历来的敏感度来看，电视台之所以允许这次节目播出，显然，相关的负责人并没有意识到这是种族歧视，至少他们认为这种“调侃”能被接受。

> 吉米·基梅尔：我向在这里的每一个人道歉。我十分希望当时不那么回应。但是我觉得大家都会认为那是小孩子荒唐的言论，并没有其他想法。我当时说那是有趣的想法，其实是在反讽。我觉得可能其中有些内容被误解了。(E4)

但是，生活在美国的华人却并不认为自己是“强者”，反而因为过去被排挤的经历而对类似的言论非常敏感。这种“不自信”在美国媒体的一篇采访中表现得非常明显：

> When I suggested that perhaps Americans are scared of China’s growing power, Got is shocked. (当我提出，也许美国人是害怕中国的日益崛起，Got 表示震惊。)
>
> “They’re scared?” she says, before laughing. “No! If someone is scared of someone, they wouldn’t make remarks like that. And if they did make the remarks stupidly, they would apologize…They totally disrespect us. They know that us Chinese, we are quiet people and sometimes we are the victims of bullies as we just accept it. Thousands of years of history show that.” (“他们害怕?”她反问，然后笑了起来。“不！如果真的是害怕的话，他们就不会这样说了。如果他们的确发表了这种愚蠢的言论，他

们应该道歉……他们完全不尊重我们。他们知道我们华人，有时我们作为霸凌的受害者却只是选择接受，我们只是沉默。几千年的历史都是这样。”)

It's easy to think of China as a strong country, with a powerful military and a booming economy, but clearly not all Chinese people feel like that — some feel like their country is unfairly maligned and has been dominated for centuries. This seems to be a big factor in why the protests have become so big. (我们很容易认为中国是一个强大的国家，有着强大的军事力量和繁荣的经济，但很明显，并不是所有华人都这么想——他们有的人觉得自己的国家饱受不公正的污蔑，并被统治了很多年。这似乎是这次抗议为什么如此猛烈的原因之一。)（A94）

当美国记者表示美国人或许对中国的崛起而感到害怕时，华人 Got 表示这种观点难以置信：“如果一个人害怕另一个人，他们不会说出那样的话……他们完全不尊重我们。他们知道我们华人忍气吞声，有时候即使我们成为受害者我们也只是默默承受。”正如记者所指出的那样，“我们很容易认为中国是一个强大的国家，有很强的军事实力和蓬勃发展的经济，但是很明显，并不是所有的华人都这么认为。”

即便是不认同“强者”的身份定位，但中国实力的提升无疑给了海外的离散华人抗争的底气。

（3）日益提高的经济水平与较低的政治地位

在此次抗议运动中，不仅有青年学生、中产阶级和精英阶层，还有老人、小孩、家庭妇女等，囊括了各阶层、各年龄段人士，这与华人经济、教育水平的整体提高有关。

在美国的各大知名院校里，华人学生更是名列前茅，更有超过三分之一的华人在美国各地的经理级和专业级岗位任职。据 2004 年美国联邦普查局的资料显示，在美华人的平均收入超过美国人一般平均收入。（A74）

然而，与经济水平相对应的是，华人在美国的政治地位仍然有很大的提升空间。全美人口中，华裔占1.2%，但在本届国会中，亚裔参议员仅有1人（日裔女性广野庆子），占参议院1%，华裔人数为0；在众议院中，华裔众议员有2人（赵美心和孟昭文），占比仅0.5%，远低于总人口比例。

这一方面是由于传统的政治文化的影响使得华人参政意识不够强烈，同时也与主流社会对华人的歧视和偏见有关，而政治影响力的薄弱又反过来造成歧视和偏见的加深，形成不断的恶性循环，此次吉米脱口秀事件就是一个典型的例证。

显然，美国华人已经意识到了这个问题，并期望借这次运动凝聚族群力量，谋求政治地位的提升：

> 何美湄（美国共和党政治事务林肯俱乐部圣谷分会主席）：经过今天的呐喊之后，我们很重要的事情就是真的要积极加入美国的政治，因为美国是一个法治的国家，我们在政治上面没有力量就没有力量。所以在过去20多年中，我对美国的政治参与是非常的深入，最主要的原因就是我能够了解到这对于我们的中华民族以及我们的这一代以及下几代都有非常重要、非常重大的影响。
>
> 那今天发生这件事情是因为我们华人应该争取权力的时候，我们都没有出来，所以给别人造成我们是比较好欺负的一个民族的印象，所以我们今天正式做出这么一个机会，可以说是给他们一个警告吧，但是我们自己要团结起来，我们自己要努力起来，我们自己要强大起来，强大就是要真正地参与美国的政治。（A60）

在美国社会内部，争取自身的政治权利和经济地位平等是离散族裔群体非常关心的问题。他们接受美国主流文化中那些自由、平等和民主的理念，并努力适应主流社会的价值观和生活方式，与此同时，他们将保持族群的传统文化、历史记忆和联系作为凝聚族群、增强族群力量的黏合剂，进而形成对主流文化的歧视与排斥的有力抵制。

这种以祖籍国文化认同为基础而积聚的族群力量在美国政治进程中始终

呈现出不断扩大的态势。（朱全红，2006）因此，强化“华人”“中国人”甚至是“美国人”的身份认同，既是美国华人当前政治地位较低的结果，也是他们提高政治地位的武器。

（4）传统文化影响减退，权利意识的习得

新生代华人对政治的不同观念在这次运动中得以体现，“义务”“服从”等传统政治文化所包含的消极影响正在慢慢消退，权利意识得到强化。

> 时代的变化是巨大的，我从不认为有所谓不可颠覆或根深蒂固让人无法挣脱的传统，每一个人自生下来便有了可以和前人完全不同的基础。过去老华侨们忍气吞声逆来顺受，如今，新一代华人，不管有所在国国籍的，还是没有的，都能站出来，能为本民族权益鼓与呼，老一辈们想都不敢想，但他们肯定会为我们高兴。（B32）

传统的文化习俗、伦理道德深刻影响着华人群体对于政治的观念，传统文化中认为政治居于庙堂之上、属于精英阶层，造成了普通公众对政治的冷漠，而忠君爱国的儒家思想将“义务”“服从”的观念植根于他们的观念之中。由于传统文化的浸染和现实社会的高压，早期美国华人在面对权益受损时常常选择“明哲保身”“逆来顺受”的处理方式，转而寻求经济领域的成功。

但是，在面对此次吉米脱口秀事件时，华人不再对权益损害沉默不语，或表现出“事不关己高高挂起”的态度。不管是由于美国社会所强调的民主自由的普世价值的浸染，还是华人群体社会经济地位的提高，抑或是中国崛起给了他们勇气，可以看到的是，越来越多的华人开始重视自己的权利，尤其是作为家长的华人希望为下一代创造更为宽松的成长环境。

> 美国的华人必须彼此团结，勇敢地站出来进行抗议，这不仅是在为自己争气，更是为了给下一代创造良好的社会条件和成长空间。（A8）
>
> 我更加希望我们的下一代能够很自由地生活在美国，我不希望她受到任何的歧视，我作为一个父亲真正的心声就在这里。（A32）

在此次华人抗议运动中，无论是线上的讨论、声援，还是线下的游行、示威，都表现出打破地域、代际边界的广泛合作。新生代华人利用新媒体极富煽动性的动员方式推动华人社群打破沉默常态，同时线下的新老华人社团发起的全美各地的示威游行将运动扩大规模，引起了美国社会的关注。线上和线下两个渠道协力合作，是华人社群抗议示威取得阶段性成果的关键。

华人行动者在积极争取和维护族群利益的时候，也尽量使用契合主流价值观的语言来表达其主张。虽然行动者要对抗的是美国排斥华人的潜意识，但他们仅仅将矛头指向吉米和美国广播公司，用“屠杀”“种族歧视”“种族仇恨”“暴力”等词语将他们的行为界定为违背法律和道德的，从而赋予自我行动的合法性。而且请愿、示威、游行等行为方式都是在美国的宪政体制框架之下。从此次抗议的过程来看，华人可以并且能够通过合法的途径来维护其权益。

与此同时，他们也在积极地将这种华人群体的观念变化传递给美国主流社会，希望改变“逆来顺受”“忍气吞声”的刻板印象，重新建构一种新的话语和空间来界定“华人”的身份认同，最终寻求社会对华人群体的理解、认可和尊重，以及社会地位的提升和未来发展空间的拓展。

> 团结在一起，呐喊出你心中的愤怒，让全美国都能听到我们的声音，看到我们的力量！一个人的力量是有限的，但我们所有人在一起，力量是无限的！我们要让全美国都知道，从现在起，我们华人不再软弱，我们的尊严不容侵犯！（B107）
>
> 太多的支持都为了我们同一个声音：我们要为自己的尊严而战，我们要为我们的子孙后代不再受欺负而战。我个人觉得通过这次事件我们要达到的真正目的是，让大家不可再忽视华人的力量，要改变对华人的看法。我们不再是以前可以被随意欺凌的民族，让种族歧视消除。（B112）

（三）新媒体、离散族裔与跨文化身份认同

身份认同是一个不断变化的过程，受到媒体再现、社会政治经济条件、

历史背景等多种不同实践的影响，不断地被再造和调整，离散族裔的身份认同更是由于其特殊性、复杂性一直受到关注。与此同时，伴随着新兴的数字传播技术日益打破原有的时间和疆界的限制，原有的意义共同体不断解构和重组，同时，更广泛的意义共同体也在不断拓展和建构，为离散族裔的身份认同建构带来了新的变化。

通常而言，任何一个族群或个人的身份认同建构都是一个漫长、连续的过程，然而，“一旦出现不同的社会运动，集团中的先锋通常都会寻求新的文化理解和身份认同”（劳伦·朗格曼，2014），这就为我们在短时间内对身份认同的建构进行细致考察提供了合适的场景。

笔者在研究和写作的过程中综合借鉴了新媒体社会运动、离散族裔和跨文化身份认同多个领域的相关理论和研究成果，结合对案例的全面分析对相关研究有所延伸和补充，具体有以下几个方面的思考。

1. 作为情境的新媒体与离散族裔的身份认同

大众媒介对身份认同建构的重要作用在现有的研究中已经被反复确认：媒体内容的消费深刻影响了个体对其身份认同的感知；媒体机构为身份认同的建构提供了资源。但以互联网为代表的新媒体的出现，不但作为一种技术工具改变了信息传播与沟通的方式，还创造了一种新的媒介环境和社会情境，导致共同体的身份认同发生了变化。

媒体内容对个体的身份认同建构的影响是以往研究者经常采用的视角。本书研究发现，新媒体技术使每个人都可以成为内容的生产者，他们可以自主使用不同的形式表达对自我身份认同的感知，并进行集体身份认同的动员，这些个人化、多元化的传播内容加强了离散族裔身份认同建构的浮动性和差异性。与此同时，由于全球化的进程和文化产品的全球分销，新媒体用户所消费的媒介内容日趋同质化，不管是想融入居住国，还是要抓住故土的纽带，显然，离散族裔有了更多的选择。

值得注意的是，基于新媒体建立起的“社会联系”在现有研究中往往被忽视，但它对于离散族裔的身份认同建构的重要作用日益凸显。

在由移动互联网构成的新媒体环境里，社会联系变得无处不存在、无时不发生。离散族裔可以使用新媒体工具拓展他们的社交圈，那么无论他们获取或创造的信息内容为何，如果他们更依赖族群内部的社会联系，则将强化其原有的种族身份认同；如果他们倾向于融入当地的社交网络中去获取信息，则可能建构起新的身份认同。在这个过程中，重要的不是看到了什么，说了什么，而是从哪里看，对谁说。

在新媒体创造的自由、多元、广泛的交往空间中，信息可以迅速在散布于全球各地的族裔共同体中蔓延，信息的交流与对话强化了彼此的理解，在这个过程中，居于不同时空中的离散族裔通过共有文化的分享、公共议题的讨论甚至日常生活的信息传递，建立起彼此之间的联系，不仅对自我的身份有了更多的认知，而且也获得了关于“我们”的图景。离散族裔的这种自我与群体的身份认同建构不仅架起了“我”和“我们”联结的桥梁，也创建了共同的行动目标，并以此为中心迅速凝聚来自各方的力量，使单薄的个人力量演变为社会整体性力量。

2. 混杂性身份认同中的策略性与局限性

随着人口、资本和文化的全球流动，个体用以叙述自我的传播工具的更新，身份认同更广泛的可能性已经不在于那种稳固的、排他的国家、民族，或文化认同，而在于一种浮动的、多元的、协商式的“混杂性身份认同”。

根据笔者的研究发现，在新媒体社会运动中，身份认同的多重性带来的并非学者认为的“困境”或“危机”，反而成为离散族裔抗争的“武器”；种族身份和文化以前被认为是阻碍离散族裔经济地位向上流动和融入主流社会的“包袱”，现在却成为重要的资源。

新媒体社会运动中的离散华人们积极主动地建构起双重甚至多重身份认同，并依据不同的传播渠道和受众做出有意或无意的调整——种族身份认同是他们应对主流社会的排斥、凝聚族群力量、寻求更广泛支持的重要“资源”；而国家身份认同又是离散族裔追求平等地位和权利、赋予自身合法性的依据——谋求族群在社会中的全面转型，实现在居住国的长远发展。离散族裔在当地社会的影响力很大程度上就取决于其“自相矛盾”的能力，即既保持与故土的联系，又能积极融入当地社会。

可以看出，离散族裔在新媒体社会运动中非常积极、主动又富有策略性地建构起混杂性的身份认同，其主观能动性得到了极大的发挥，然而，这种建构于相对虚拟的公共领域中的身份认同仍然难掩其局限性。

第一，离散族裔在运动中所建构起的身份认同是具有目标性、任务性的，虽然自我标签化的离散族裔能通过运动动员，建构起跨越政治和地理疆界的身份共同体，但当运动结束，个体回归平凡的生活，离散族裔关于“我是谁”“我从哪里来”的问题并没有真正得到解决，他们仍然会处于不断的矛盾和协商之中。

第二，虽然离散族裔可以采用多样的新媒体平台建构起灵活的多重身份认同，但是，无法否认的是，身份认同还受到迁入国、迁出国及族群自身的政治、经济、历史、文化等多方面因素的影响，即便他们在新媒体社会运动中可以自由地表述和展演不同的身份认同，却仍然无法自我建构成为真正的当地人。

3. 跨国华人共同体：想象与现实

随着全球化进程的不断深入，“离散华人的身份认同”的实质越来越接近“世界体系中的华人身份认同”这一问题，并将随着世界格局的变化呈现新的特点，一些超越国家及地缘界限的认同形式将成为可能。

一方面，跨国社会运动的蔓延、媒体技术的发展和离散族裔群体的形成解构了传统的民族国家和地域观念，使原来具有明晰的疆界、相对固定的地域的民族国家有了前所未有的流动性，于是，“全球化进程导致了民族国家的衰微”的论调自 20 世纪 80 年代开始蔓延。

与此同时，另一种明显的趋势也不容忽视——民族并没有消逝，反而成为同一民族在全球范围内组成跨国文化共同体的原动力。尤其是离散族裔感到被排斥或威胁时，就会通过创造、强化或更新其身份认同来重建民族共同体。

在研究案例中，新媒体社会运动的行动者不只是以美国、加拿大华人为代表的离散华人群体，身在中国土地上的华夏儿女也通过线上讨论、联署、声援等方式参与其中，于是，遍布全球各地的华人构筑起了一个跨越国界的网络社区，让我们看到了关于“民族身份认同”的新的可能性。

Tu（2005）曾提出“文化中国”的概念，认为“华人并没有地理的中心，只有共同的祖先和文化背景”。在离散族裔的身份认同的建构中，历史和文化的重要性已经显现，因此，通过对共同文化、历史的强调来构建起跨国的民族文化共同体将成为可能。那么，遍布世界的离散华人可以在这种共有的身份认同框架之下，依据各自不同的情境，寻找更多新的可能性。

然而，在反对吉米事件中，并非所有人都愿意接受美国华人所建构的共同体的身份认同框架。中国网民的讨论中，对运动的反对之声时时出现，即便是支持行动者的运动参与，也有意或无意地以地理和政治界限为标准，将行动者从“华人”中独立出来，以“美国华人”“美国华裔”等词语将行动者界定为“他者”，以另一种群体身份为他们提供支持，例如，我们中国应该遥相呼应！

美国政府的两次回应从国家层面把政治和地理意义上的“中国”作为回应对象，“美国一直以来欢迎中国的和平崛起……一个和平稳定繁荣的中国对美国对中国对世界都有益处”，避开了对行动者身份的讨论。而中国政府的回应则是将焦点放在了“旅美华人华侨”，将他们与中国的华人区隔开，要求美国广播公司“以真诚的态度回应旅美华人华侨的合理呼声和正当要求”。无论是有意或者无意，这两种国家话语的表述都没有对美国华人所建构的文化身份共同体的框架做出回应或认可，最终使“全球华人共同体”成为行动者的想象。

第六章
跨文化虚拟共同体的维度及关系

随着全球化浪潮和信息技术革命的推进，带来了许多亟待关注的问题和机遇，共同体是其中重要的核心议题。吉登斯在对现代性的论述中不断重申“脱域”的概念，即人们的社会关系从他们所处的特殊的地域“情境”中剥离出来，通过时空重组，重构其原来的情境。(Gi，2000)

基于网络通信技术的全球虚拟联系在不断增强，跨越地理空间的社会联系和聚合使那些由单一地域、血缘、文化聚合起来的共同体受到了威胁，更多要素被整合进了“虚拟共同体”之中，它“围绕着一系列其意义和目标均打上了独特的自我认同符码的记号的独特价值而组织起来”（Castells，2006），例如，学习或兴趣共同体，跨国运动的行动者，民族主义的图腾。

在意义流动、混杂的网络社会中，技术建立的连接将来自不同地域、文化的人们联系并聚合为多样的社群，然而，要考察共同体的存续，更要关注其间的意义与情感的生产，因为“共同体能够保持结合，恰恰在于相互之间的、共同的、有约束力的思想信念作为一个共同体自己的意志，它就是把人作为一个整体的成员团结在一起的特殊的社会力量和感情”（斐迪南·滕尼斯，1999），而信任的建立、认同的形成都是其中的重要因素。

一　连接与信任

尼古拉斯认为，“文明社会的核心在于，人们彼此之间要建立连接关系，这些连接关系将有助于抑制暴力，并成为舒适、和平和秩序的源泉。”（克里斯塔基斯，2013）遍布全球的通信网络使得点到点的连接变得越来越便捷和频繁，每个人都成为意义的生产者和传播者，然而，这种物理连接的盛况之下，情感、信任与认同的建立依然缺失。

通过对新疆少数民族大学生的新媒体使用情况的分析可以发现，数字技术建构了新的情境，满足了他们的信息获取和社交需求，成为他们与网络社会连接的桥梁，但也控制了他们进入的路径、方式和走向。接受并使用新媒体对于他们来说并不是一个发挥主体性的过程，由于媒介垄断环境的不平衡，媒介基础知识和技能的缺失，他们看似进入了网络社会的虚拟共同体之中，却没能真正成为其中一员。

少数民族大学生群体在新媒体的使用中，并不信任即时信息的传播效果以及受众在网络传播中的角色转变，包括质疑网络信息的真实性、影响力，认为互联网的“门槛”依然存在而缺乏主动性和探索性，但是，当怀疑产生时，他们并未利用信息技术查证求实，而是转而依赖传统媒体的“权威性”。

相比互联网提供的丰富资源，少数民族大学生获取和吸收的网络资源却相对有限。首先，语言的差异和政治敏感的区域因素局限了他们对网络资源的获取。在有限的范围内，新疆少数民族大学生对资源的利用效率和学习效果也不高。搜索引擎是他们寻找资料的最主要渠道，而很少使用图书馆电子数据库、新闻资讯网站等相对细分的信息渠道，经常由于检索技能的不足导致检索结果匹配度低，然后转向传统阅读。

新疆少数民族大学生的新媒体接受和使用行为不仅受到感知有用性和感知易用性的积极影响——社会影响、社交需求、私密性、网络外部性和绩效期望对感知有用性产生影响，民族特点、社交需求、网络环境对感知易用性有显著影响——还带有其民族的鲜明特性。

虽然互联网为多语言、多民族的跨文化交流提供了空间，但是语言的壁垒将缺乏多语言能力的学生基本屏蔽在网络之外，而且他们在合作性事务中仍然倾向于本族学生间的合作，跨民族文化的交流仍然相对较少。此外，新疆少数民族的文化和宗教对个体的期待都是“保守”的，再加上政治敏感性，他们会在社交媒体中主动约束自己的公开形象，并且对社会公共事务的关注意愿较低，行为消极，成为“讨论的缺席者”。

因此，这些新疆少数民族的数字原住民们即使接入了网络，但并未真正参与其中，那么，当他们与汉族学生建立虚拟学习共同体时，是否会经由更多的互动和协作而出现新的变化呢？鉴于此，本书对新疆大学和武汉大学新闻学院的学生组成的跨文化虚拟学习共同体进行研究，着重关注他们在完成学习任务中的互动与信任关系。

跨文化成员间的信任关系的建立与维系是一个动态变化的过程，总体来看，有效形成信任的跨文化团队成员所占比例较低，主要表现在有效的双向沟通未能建立起来，并存在一些冲突性的互动行为。这些冲突行为多表现出沉默和礼让的特征，即单方面的回避和沉默导致沟通中断，而非激烈对抗的、碰撞性的冲突。

那么，什么影响了跨文化虚拟学习共同体中的深层次信任关系的建立呢？研究发现，信任倾向与能力和信任关系的建立并没有表现出明显的相关性，而文化与成员的个体特质发挥着更为重要的作用。在文化层面上，少数民族成员的宗教信仰使其在互联网上的社交行为更为谨慎。在个体特质层面，成员的学习主动性、表达欲等都对信任的建立有直接的影响。

在实验初期，所有成员通过微博初步接触，相互问好、介绍，建立起基于任务的快速信任，但双向沟通的缺失使得联系的维持、深层信任的建立都变得相对困难，逐渐导致共同体的破裂。

二　认同

如曼纽尔·卡斯特所言，“理解意义共同体如何交流，对于理解现代世界至关重要。”（马汀·殷斯，2015）他所指的意义共同体，即基于身份认同的共享而建立的社群。全球化时代的跨文化认同是多重的、共处的和多面向的，尤其对离散族裔而言，家园和认同的概念必然是混杂的。

与此同时，伴随着新兴的数字传播技术日益打破原有的时间和疆界的限制，原有的意义共同体不断解构和重组，同时，更广泛的意义共同体也在不断拓展和建构，为离散族裔的身份认同建构带来了新的变化。

基于新媒体建立起的“社会联系”在现有研究中往往被忽视，但它对于离散族裔的身份认同建构的重要作用日益凸显。离散族裔可以使用新媒体工具拓展他们的社交圈，那么无论他们获取或创造的信息内容为何，如果他们更依赖族群内部的社会联系，则将强化其原有的种族身份认同；如果他们倾向于融入当地的社交网络中去获取信息，则可能建构起新的身份认同。在这个过程中，重要的不是看到了什么，说了什么，而是从哪里看，对谁说。

在新媒体创造的自由、多元、广泛的交往空间中，信息可以迅速在散布于全球各地的族裔共同体中蔓延，信息的交流与对话强化了彼此的理解，在这个过程中，居于不同时空中的离散族裔通过共有文化的分享、公共议题的讨论甚至日常生活的信息传递，建立起彼此之间的联系，不仅对自我的身份有了更多的认知，而且也获得了关于“我们”的图景。离散族裔的这种自我与群体的身份认同建构不仅架起了“我”和“我们”联结的桥梁，也创建了共同的行动目标，并以此为中心迅速凝聚来自各方的力量，促进了共同体的形成。

在新媒体社会运动中，卡斯特提出的“合法性认同”“抗拒性认同”和“规划性认同”的框架依然有明显的表征。合法性认同在现有的社会框架下，通过对自我和抗议对象的行为合法性的划分，结合政治、法律和媒体的路径，实现运动的合法化，从而得到既存的主导性力量的认同。抗拒性认同清晰地划分敌我，将自己定位为被排斥者，并进行明确的责任归因和抗争性行动号召，以此建立所在族群的认同。规划性认同全面寻求族群的社会地位的重新界定和认可，并从政治、经济、文化多方面制定长远的群体规划。

但也出现了一些新的变化：新媒体的使用不仅大大加速了社会运动信息的流转速度、幅度和深度，尤为重要的是，新媒体使用使得互动的频率更高，从而使得合法性、抗拒性、规划性认同的相互转化并非相互更迭的过程，而呈现共时或交叉的趋势。但是，需要注意的是，新媒体冲破既有民族国家边界的同时，以非物质性情感、价值观为基础的文化认同却需要寻找落地的土壤，传统以颠覆为其目标的规划性认同有可能“退化”到合法性认同的现实秩序框架中寻找利益，从而削弱社会运动对民族国家的破坏性。

从民族、国家和文化身份认同的角度来看，新媒体社会运动中的离散华人积极主动地建构起双重甚至多重身份认同，并依据不同的传播渠道和受众做出有意或无意的调整，从而谋求族群在社会中的全面转型，实现在居住国的长远发展。但这种建构于虚拟空间中的身份认同仍然难掩其局限性：首先，运动结束以后，临时的利益共同体将会解散，离散族裔关于“我是谁”“我从哪里来”的问题并没有真正得到解决。其次，即便离散族裔可以在新媒体社会运动中自由地表述和展演不同的身份认同，却仍然无法自我建构成为真正的当地人。

Tu（2005）曾提出“文化中国”的概念，认为“华人并没有地理的中心，只有共同的祖先和文化背景”。在离散族裔的身份认同的建构中，历史和文化的重要性已经显现，遍布全球的华人基于行动目标和身份认同构筑起了一个基于目标和利益的跨越国界的虚拟共同体，但跨国的民族文化共同体是否能够就此建立，仍然值得商榷。

三　技术与共同体

自传播学诞生以来，媒介技术与社会发展的讨论从来没有停止过。本书赞同卡斯特的观点，即“技术本身既不为这个社会行善，也不助其作恶。但是，技术并非冷漠无情。首先，它能够强化既有的或潜在的趋势。其次，互联网的确有些具体的特征，使其成为建立网络的理想工具”（马汀·殷斯，2015）。

在讨论“共同体如何成为可想象的”时，安德森（2003）以“民族/国家”为例，认为共同体源于“资本主义、传播科技和人类语言宿命的多样性”这三个因素，技术和媒介在此发挥了不可替代的作用。然而，新媒体技术与共同体的关系并没有如此简单，从英尼斯和麦克卢汉关于“大众传播技术与民族共同体”这一问题的讨论中可见一斑。

代表“文化决定论”的英尼斯认为，理想的共同体应该实现参与、互动和共享，而机械化的大众媒介工业使权力集中和思想垄断达到顶峰，一味追求地域上的传输、覆盖和控制，摧毁了共同体中思想观念、情感体验的共享与传承，“只不过实现了把所有人在空间上连接在一起的作用，却并未提供一个持久的共同理想和价值观念”（彼德斯，2003）。而“技术决定论”的代表人物麦克卢汉却相信电子技术是重建人类共同体的灵丹妙药，它“使我们每个人都可能受到世上的其他影响……相互作用的世界具有不可分割、相互影响、无所不包的范围”（麦克卢汉，2003），人们将生活在彼此交融的永恒共同体之中。

两种观念自然各有其思考和局限，然而，新媒体技术的发展也为这一切带来变化，个人被赋予更多自由和路径连接到全球互联的网络之中，并在这个流动的世界之中寻找新的意义和价值，进而建立新的信任与认同，共同体不断地破裂，又不断重构。技术没能成为解决所有问题的工具，但也非毫无价值。

立足于此时此地，中国正面临着严峻且迅速的社会转型，一方面，经济的飞速发展、技术浪潮的来势汹汹振奋人心，另一方面，传统的社区、文化和价值面临瓦解，一切都处于动荡和迷茫之中，旧的共同体渐渐被打破，而新的共同体却仍未成熟，更需要我们以批判的视角去看待我们沉浸其中的技术环境。

新技术的确有助于寻找更优的解决方案，但是技术本身就是复杂的矛盾集合体，如果不考虑技术被应用的社会情境及其背后的利益群体，盲目地追寻技术所带来的效率、客观、力量，而忽视社会文化层面的情感、道德、自由、信任、认同，那么，技术将引领我们走向的不是美好新世界，而可能是虚无主义的地狱，共同体的理想成为幻象。

齐格蒙特·鲍曼在论述现代性的共同体时认为：“共同体是一个温暖而舒适的场所，一个温馨的‘家’，在这个家中，我们彼此信任、互相依赖。然而，共同体不是一个已经获得和享受的世界，而是一种我们热切希望栖息、希望重新拥有的世界。”（鲍曼，2003）我们在研究中已经看到，新媒体技术的发展在网络空间中连接起多样、大量的虚拟共同体，但是，由于信任的缺失、认同的分散，它们更可能是暂时的利益的结合，而非真正意义上的共同体。

参考文献

艾尔·巴比:《社会研究方法》,邱泽奇译,华夏出版社,2009。

爱德华·赛义德:《东方学》,王宇根译,生活·读书·新知三联书店,1999。

安德森:《想象的共同体》,吴叡人译,上海人民出版社,2003。

安东尼·吉登斯:《现代性的后果》,田禾译,译林出版社,2000。

白红义:《当代中国调查记者的职业意识研究(1995~2010)》,复旦大学博士学位论文,2011。

保罗·康纳顿:《社会如何记忆》,纳日碧力戈译,上海人民出版社,2000。

彼德斯:《交流的无奈——传播思想史》,何道宽译,华夏出版社,2003。

布海丽且木·艾尼娃尔:《新媒体对乌鲁木齐市维吾尔族高中生消费行为的作用研究》,新疆大学硕士学位论文,2014。

曹培杰、余胜泉:《数字原住民的提出、研究现状及未来发展》,《电化教育研究》2012 年第 4 期。

曾一果:《雷蒙·威廉斯建构传播共同体理论》,《中国社会科学报》2013 年 12 月 25 日 A12 版。

陈国明:《跨文化传播学的现状与未来发展》,载洪浚浩《传播学新趋势》,清华大学出版社,2014。

陈丽芳、吕秋雯:《黔中少数民族地区网络媒体使用情况调查》,《中国报业》2012 年第 8 期。

陈向明:《扎根理论的思路和方法》,《教育研究与实验》1999 年第 4 期。

迟爽、徐鹏：《社交网络技术在科研教学环境中的应用研究》，《软件》2013 年第 12 期。

中国互联网络信息中心：《第 37 次中国互联网络发展状况统计报告》，中国互联网络信息中心，2016。

黛安娜·布赖登、威廉·科尔曼：《反思共同体》，严海波译，社会科学文献出版社，2011。

黛博拉·迈德森：《双重否定的修辞格——加拿大华裔离散文学》，《南开学报（哲学社会科学版）》2009 年第 5 期。

丹尼尔·里夫、斯蒂文·赖斯、弗雷德里克·菲克：《内容分析法：媒介信息量化研究技巧》，清华大学出版社，2010。

单波、王冰：《媒介即控制及其理论想象》，《新闻与传播研究》2010 年第 2 期。

单波、肖珺：《文化冲突与跨文化传播》，社会科学文献出版社，2015。

单波：《跨文化传播的问题与可能性》，武汉大学出版社，2010。

但海剑、石义彬：《数字时代跨文化传播中的文化身份认同》，《武汉理工大学学报（社会科学版）》2009 年第 4 期。

道格拉斯·凯尔纳：《媒体奇观——当代美国社会文化透视》，史安斌译，清华大学出版社，2003。

迪克：《网络社会——新媒体的社会层面》，蔡静译，清华大学出版社，2014。

丁琴海：《论全球化时代的文化认同》，《国际关系学院学报》2009 年第 2 期。

段龙江：《论后殖民主义语境下的民族文化身份》，《河南社会科学》2006 年第 11 期。

范可：《全球化语境下的文化认同与文化自觉》，《世界民族》2008 年第 2 期。

范可：《移民与“离散”：迁徙的政治》，《思想战线》2012 年第 1 期。

斐迪南·滕尼斯：《共同体与社会》，林荣远译，商务印书馆，1999。

冯仕政：《西方社会运动理论研究》，中国人民大学出版社，2013。

弗朗西亚·L. H.，《发明地球：“家”的意义》，载 E. 胡德哈特《跨越太平洋：亚裔美国人和全球化》，亚洲协会和天普大学出版社，1999。

郭庆光：《传播学教程》，中国人民大学出版社，2011。

郭彦森：《网络群体性事件的性质和价值探析》，《郑州大学学报（哲学社会科学版）》2012 年第 6 期。

何平立：《认同感政治：西方新社会运动述评》，《探索与争鸣》2007 年第 9 期。

何彤宇、张剑：《论社会转型期的网络共同体的建构与发展》，《新闻知识》2012 年第 1 期。

胡必亮：《关系共同体》，人民出版社，2005。

吉登斯、郭忠华：《民族国家理论的悖论性发展》，《新华文摘》2010 年第 12 期。

纪玉华：《批判性话语分析：理论与方法》，《厦门大学学报（哲学社会科学版）》2001 年第 1 期。

金玉萍、王婧：《维吾尔族大学生新媒体使用与身份认同》，《新疆大学学报（哲学·人文社会科学版）》2014 年第 5 期。

劳伦·朗格曼、欧阳英、王禾：《作为身份认同的全球正义：为一个更美好的世界而动员》，《国外理论动态》2014 年第 4 期。

李冰清：《网络时代的缺场交往与社会认同》，吉林大学硕士学位论文，2003。

李浩思：《网络共同体的公共性建构》，吉林大学硕士学位论文，2014。

李韦：《论伊斯兰教在新疆的处境化》，新疆师范大学硕士学位论文，2005。

李晓云：《媒介生态与技术垄断——尼尔·波兹曼的技术垄断批判》，《四川大学学报（哲学社会科学版）》2007 年第 1 期。

刘燕：《媒介认同论：传播科技与社会影响互动研究》，中国传媒大学出版社，2010。

刘颖：《跨国社会运动动员的限制性因素分析——以全球替代运动为例》，《太平洋学报》2011 年第 2 期。

柳婉璐、丁爱侠：《自媒体环境下网络课程实施效果评价》，《宁波工程学院学报》2012 年第 4 期。

马蓓：《新疆回族受众媒介使用方式与习惯研究》，新疆大学硕士学位论文，2014。

马汀·殷斯：《对话卡斯特》，社会科学文献出版社，2015。

麦克卢汉：《理解媒介》，何道宽译，商务印书馆，2003。

曼纽尔·卡斯特：《千年终结》，夏铸九译，社会科学文献出版社，2006。

曼纽尔·卡斯特：《认同的力量》，曹荣湘译，社会科学文献出版社，2006。

曼纽尔·卡斯特：《网络社会的崛起》，夏铸九等译，社会科学文献出版社，2006。

尼古斯塔·克里斯塔基斯：《大连接》，中国人民大学出版社，2013。

帕哈尔丁：《新疆多语种大众传播体系的形成背景及特征》，《青年记者》2016 年第 3 期。

齐格蒙特·鲍曼：《共同体》，欧阳景根译，江苏人民出版社，2003。

乔纳森·弗里德曼：《文化认同与全球性过程》，商务印书馆，2003。

萨默瓦、波特：《跨文化传播》，闵惠泉译，中国人民大学出版社，2014。

瑟洛：《电脑中介传播：人际互动与网际网络》，谢光萍、吴怡萱译，台湾韦伯文化，2006。

沈阳、傅惠鹃、刘朋朋等：《虚拟学习团队实证化研究》，《图书情报知识》2009 年第 6 期。

石义彬、熊慧、彭彪：《文化身份认同演变的历史与现状分析》，载《中国媒体发展研究报告（2007 年卷）》，武汉大学出版社，2007。

斯图亚特·霍尔：《文化身份与族裔散居》，载罗钢《文化研究读本》，中国社会科学出版社，2000。

宋源：《团队信任、团队互动与团队创新——基于虚拟团队的研究》，上海社会科学院出版社，2010。

苏慧：《社交媒体对西北少数民族文化传播的影响》，北京邮电大学硕士学位论文，2015。

苏涛：《缺席的在场：网络社会运动的时空逻辑》，《当代传播》2013年第1期。

孙玮：《“我们是谁”：大众媒介对于新社会运动的集体认同感建构》，《新闻大学》2007年第3期。

孙晓娥：《扎根理论在深度访谈研究中的实例探析》，《西安交通大学学报（社会科学版）》2011年第6期。

孙治本：《全球地方化、民族认同与文明冲突》，《思与言》2000年第3期。

唐晓波、文鹏、蔡瑞：《社会化媒体用户使用行为影响因素实证分析》，《同济大学学报（自然科学版）》2015年第3期。

唐元超：《维吾尔族在校大学生对民族诸问题的认知浅析——以中央民族大学部分维吾尔族学生为例》，《民族社会学研究通讯》2014年第169期。

陶国山：《论“认同”的文学话语建构》，《上海大学学报（社会科学版）》2013年第30期。

陶家俊：《身份认同导论》，《外国文学》2004年第3期。

万晓宏：《当代美国华人政治参与研究（1965～2012）》，暨南大学出版社，2013。

万晓宏：《影响当代美国华人政治参与的主观因素》，《八桂侨刊》2009年第2期。

王赓武：《天下华人》，广东人民出版社，2016。

王敬慧：《永远的流散者：库切评传》，北京大学出版社，2010。

王明珂：《华夏边缘：历史记忆与族群认同》，社会科学文献出版社，2006。

王文韬、谢阳群、占南：《基于ERG理论的数字原住民信息行为研究》，《情报理论与实践》2015年第9期。

王小芳：《文化共同体的想象——雷蒙德·威廉斯的传播观》，《英语广场（学术研究）》2014年第4期。

刘涛、杨有庆：《社会化媒体与空间的社会化生产——卡斯特“流动空间思想”的当代阐释》,《文艺理论与批评》2014 年第 2 期。

王晓江:《新疆大学维吾尔族大学生对网络认同感的实证研究》,《新疆大学学报(哲学人文社会科学版)》2009 年第 3 期。

翁浩然:《伊斯兰教徒个体宗教性的发展特点及影响因素研究》,浙江师范大学硕士学位论文,2013。

吴鼎铭:《西方新闻传播学关于新媒体与社会运动的研究现状——兼论“Twitter 革命”》,《福建师范大学学报》2013 年第 4 期。

夏迎秋:《网络共同体研究》,河北师范大学硕士学位论文,2008。

向青平:《新媒介在少数民族地区的使用特点——以湘西永顺县为例》,《新闻世界》2012 年第 12 期。

夏迎秋:《网络共同体研究》,河北师范大学硕士学位论文,2008。

肖珺、陈雨:《讨论缺席者?少数民族学生新媒体技术接受与专业学习使用研究》,香港,第二十一届国际跨文化交际学会年会,2015。

肖珺、王婉:《跨文化虚拟学习团队:少数民族学生参与及学习效果研究》,乌鲁木齐第二届中亚传播论坛,2015。

肖珺:《微博嵌入式教学与网络传播素养提升:关系与效果讨论》,香港中文大学新闻与传播大学,2015。

谢伯端:《论当代大学生的文化身份认同》,《湖南商学院学报》2003 年第 1 期。

徐颖果:《离散族裔文学批评读本》,南开大学出版社,2012。

杨国斌:《连线力:中国网民在行动》,邓燕华译,广西师范大学出版社,2013。

杨婧:《新疆柯尔克孜族新闻媒体发展与现状研究》,新疆大学硕士学位论文,2008。

易点点:《翻译教师:虚拟共同体的建构支持者》,《邵阳学院学报(社会科学版)》2007 年第 6 期。

虞敬峰:《乌鲁木齐维吾尔族市民休闲消费行为研究》,石河子大学硕士学位论文,2013。

翟少聪:《虚拟共同体中个人存在样态研究》,华侨大学硕士学位论文,

2014。

詹姆斯·保罗·吉：《话语分析导论》，杨炳钧译，重庆大学出版社，2011。

张红玲：《多屏时代的受众重构与传播形态研究》，《新闻爱好者月刊》2014年第4期。

张萌萌：《香港认同构建：政媒机制与媒体化再现》，社会科学文献出版社，2013。

张铭洪、杜云主编《网络经济学教程》，科学出版社，2010。

张喜征：《虚拟项目团队中的信任依赖和信任机制研究》，《社会学研究》2004年第2期。

张煜麟：《"网络化自我"的生成——台湾青年社交媒体使用行为个案研究》，《中国网络传播研究》2012年第10期。

张志旻、赵世奎、任之光、杜全生、韩智勇、周延泽、高瑞平：《共同体的界定、内涵及其生成——共同体研究综述》，《科学学与科学技术管理》2010年第10期。

章辉：《传播与文化共同体的建构：雷蒙德·威廉斯论传播》，《文艺理论与批评》2014年第5期。

赵蒙旸：《在线抵抗性认同的构造与消解——以北京暴雨事件中的网众为例》，《浙江传媒学院学报》2013年第2期。

赵宇翔：《数字悟性：基于数字原住民和数字移民的概念初探》，《中国图书馆学报》2014年第6期。

周穗明：《"新社会运动"的性质、特点与根源——西方左翼理论家论"新社会运动"（一）》，《国外理论动态》1997年第15期。

周宪：《中国文学与文化的认同》，北京大学出版社，2008。

周翔：《传播学内容分析研究与应用》，重庆大学出版社，2014。

朱倩云：《技术垄断的文化困局——尼尔·波兹曼的媒介思想研究》，《新闻世界》2013年第7期。

朱全红：《论美国族裔群体的双重文化认同》，《学海》2006年第1期。

Ahrari E. M., *Ethnic Groups and U. S. Foreign Policy*, Greenwood Press,

1987: xvi.

Alexis R. Lauricella, Drew P. Cingel, Courtney Blackwell, et al., "The Mobile Generation: Youth and Adolescent Ownership and Use of New Media," *Communication Research Reports*, 2014, 31 (4): 357 – 364.

Alfred P. Rovai, "Classroom Community at a Distance: a Comparative Analysis of Two ALN – based University Programs," *The Internet and Higher Education*, 2001, 4 (2): 105 – 118.

Arquilla J., Ronfeldt D. F., "Networks and Netwars: The Future of Terror, Crime and Militancy," *Networks & Netwars the Future of Terror Crime & Militancy*, 2001, 10 (2): 238 – 239.

Baker P., Gabrielatos C., Khosravinik M., Krzy anowski M., McEnery T., Wodak R., "A Useful Methodological Synergy: Combining Critical Discourse Analysis and Corpus Linguistics to Examine Discourses of Refugees and Asylum Seekers in the UK Press," *Discourse Society*, 2008 (19).

Balthazard, Pierre A., "Web – centric Collaborators and International Virtual Teamwork: An Analysis of Emerging Platforms in is Education," Proceedings – Annual Meeting of the Decision Sciences Institute, 1996 (1): 405 – 407.

Baron R. S., Kerr N. L., Miller N., *Group Process, Group Decision, Group Action*, Brooks Cole, 2003.

Beardsworth A., "Analysing Press Content: Some Technical & Methodological Issues," *Sociological Review*, 1981 (S1): 371 – 395.

Beck U. Beck – Gernsheim E., *Individualization: Institutionalized Individualism and its Social and Political Consequences*, London: SAGE, 2002.

Bennett W., Segerberg A., "The Logic of Connective Action: Digital Media and the Personalization of Contentious Politics," *Information, Communication & Society*, 2012, 15 (5): 739 – 768.

Bennett S., Maton K., Kervin L., "The (Digital Natives) Debate: A Critical Review of the Evidence," *British Journal of Educational Technology*, 2008,

39 (5): 775 - 786.

Best S., Kellner D., *The Postmodern Turn*, New York and London: Guilford Press and Routledge, 1997.

Brainard L. A., Siplon P. D., "Cyberspace Challenges to Mainstream Advocacy Groups: The Case of Health Care Activism", Annual Meeting of the American Political Science Association, 2000.

Brown J. S., "Growing Up Digital: How the Web Changes Work, Education, and the Ways People Learn," *The Magazine of Higher Learning*, 2000, 32 (2): 10 - 20.

Bruffee K. A., *Collaborative Learning: Higher Education, Interdependence, and the Authority of Knowledge*, Baltimore: Johns Hopkins University Press.

Calhoun C., *Social Theory and The Politics of Identity*, Oxford: Blackwell, 1994.

Calloway Thomas C., Cooper P. J., Blake C., *Intercultural Communication: Roots and Routes*, Boston: Allyn and Bacon, 1998.

Castells M., *The Power of Identity (Second edition)*, Oxford: Blackwell Publishing Ltd, 2003.

Castells M., *The Rise of the Network Society*, Oxford: Blackwell Publishing Ltd, 1996.

Chen Guoming, Dai X-d., "New Media and Asymmetry in Cultural Indentity Negotiation," in Pauline Hope Cheong, Judith N. Martin, Leah P. Macfadyen eds, *New Media and Intercultural Communication: Identity, Community and Poltics*, New York: Peter Lang, 2012: 123 - 137.

Cohen J. A., "Coefficient of Agreement for Nominal Scales," *Educational and Psychological Measurement*, 1960, 20 (1): 37 - 46.

Cohen L., "Strategy or Identity: New Theoretical Paradigms and Contemporary Social Movements," *Social Research*, 1985: 52.

Cook G., Robbins P. T., Pieri E., et al., "Words of Mass Destruction: British coverage of the Genetically Modified Food Debate, Expert and Non -

expert reactions," *Public Understanding of Science*, 2006, 15 (1): 5 -29.

Crampton, C., "The Mutual Knowledge Problem and its Consequences for Dispersed Collaboration," *Organization Science*, 2001, 12 (3): 346 -371.

Davis F. D., "Perceived Usefulness, Perceived Ease of Use, and User Acceptance of Information Technology," *Mis Quarterly*, 1989, 13 (3): 319 - 340.

Deacon D., "Yesterday's Papers and Today's Technology: Digital Newspaper Archives and 'Push Button'," *Content Analysis European Journal of Communication*, 2007, 22 (5): 5 -25.

Delanty G., *Community*, London: Routledge, 2003: 195.

Deatsch M., "Trust and Suspicion," *Journal of Conflict Resolation*, 1958, 2 (4): 265 -279.

Ding H., "Confucius's Virtue - Centered Rhetoric: A Case Study of Mixed Research Methods in Comparative Rhetoric," *Rhetoric Review*, 2007, 26 (2): 142 -159.

Du Bois W., "The Souls of Black Folk. Bantam Classics," Paul G., *The Black Atlantic: Modernity and Double Consciousness*, Cambridge MA: Harvard University Press, 1993: 126.

Earl J., Schussman A., "The New Site of Activism: On-line Organizations, Movement Entrepreneurs, and the Changing Location of Social Movement Decision - Making," *Research in Social Movements, Conflict, and Change*, 2003 (24): 155 - 187.

Elin L., "The Radicalization of Zeke Spier: How the Internet Contributes to Civic Engagement and New Forms of Social Capital," McCaughey M., Ayers M. D., *Cyberactivism: Online Activism in Theory and Practice*, New York: Routledge, 2003: 97 -114.

Ewing B. F., "Discourse and the Construction of Identity in a Community of Learning and a Community of Practice," *Beyond Communities of Practice Theory As Experience*, 2005, 14 (2): 149 -170.

Faircolough N. , *Language and globalization*, London: Routledge, 2006.

Fowler R. , "On Critical linguistics," Caldas-Coulthard C. R. , Coulthard M. , *Texts and Practices: Readings in Critical Discourse Analysis*, London: Routledge, 1996: 3 – 14.

Gamson W. , "Social Psychology of Collective Action," *Frontiers in Social Movement Theory*, 1992: 53 – 76.

Gerger C. , "Social Linguistics and Literacies: Ideology in Discourses. Social Linguistics and Literacies: Ideology in Discourses," *Ilha Do Desterro*, 2008 (29).

Gerson L. , *The Hyphenate in Recent American Politics and Diplomac*, Lawrence: The University of Kansas Press, 1964: 5.

Gollnick D. M. , Chinn P. C. , *Multicultural Education in a Pluralistic Society* (4th ed.), Colum bus Merrill Publishing Co.

Grice H. , *Negotiating Identities – An Introduction to Asian American Women's Writing*, New York: Manchester University Press, 2002.

Hall S. , "The Question of the Cultural Identity," Hall S. , Held D. , McGrew T. , *Modernity and its Futures*, Policy Press, 1992: 277.

Hamers J. , Blanc M. , *Bilinguality and Bilingualism*, Cambridge: Cambridge University Press, 1989: 116.

Helsper E. J. , Eynon R. , "Digital Natives: Where is the Evidence?" *British Educational Research Journal*, 2010, 36 (3): 503 – 520.

Higgins M. , "Putting the Nation in the News: The Role of Location Formulation in a Selection of Scottish Newspapers," *Discourse & Society*, 2004, 15 (5): 633 – 648.

Hollins E. R. , King J. E. , Hayman W. C. , *Teaching Diverse Populations: Formulating a Knowledge Base*, New York: State University of New York Press, 1994.

Hua Qian, Craig R. Scott, "Anonymity and Self – disclosure on Weblogs," *Journal of Computer – Mediated Communication*, 2007, 12 (4): 1428 – 1451.

Iris Z. , *The Chinese in America: A Narrative History*, New York: Viking

Penguin, 2003: 390.

Jarvenpaa S. L., Leidner D. E., "Communication and Trust in Global Virtual Teams," *Organization Science*, 1999, 10 (6): 791-815.

Jarvenpaa S. L., Knoll K., Leidner D. E., "Is Anybody Out There? Antecedents of Trust in Global Virtual Teams," *Journal of Management Informaiton Systems*, 1998, 14 (4): 29-64.

Jehn K. A., Greer L., Levine S., et al., "The Effects of Conflict Types, Dimensions, and Emergent States on Group Outcomes," *Group Decision & Negotiation*, 2008, 17 (6): 465-495.

Junco R., Elavsky C. M., Heiberger G., "Putting Twitter to the Test: Assessing Outcomes Forstudent Collaboration, Engagement and Success," *British Journal of Educational Technology*, 2013, 44 (2): 273-287.

Kahn R., Kellner D., "New Media and Internet Activism: from the 'Battle of Seattle' to Blogging," *New Media & Society*, 2004, 6 (1): 87-95.

Kanawattanachai P., Yoo Y., "Dynamic Nature of Trust in Virtual Teams," *Journal of Strategic Information Systems*, 2002, 11 (3-4): 187-213.

Kayworth T. R., Leidner D. E., "Leadership Effectiveness in Global Virtual Teams," *Journal of Management Information Systems*, 2002, 18 (3): 7-40.

Ke Zhien, Huang Yiting, "Images Better Than Text? N Generations of Students to Explore the Cognitive Development," *Journal of Education Research*, 2009, 193: 15-23.

Kelly G. R., "Protest in An Information Society: A Review of Literature on Social Movements and New ICTs," *Information, Communication & Society*, 2006, 9 (2).

Kirkpatrick D. D., Sanger D. E., Fahim K., El-Naggar M., Mazzetti M., "A Tunisian-Egyptian Link that Shook Arab History," *New York Times*, 2001 (13).

Lavie S., Swedenburg T., "Between and Among the Boundaries of Culture: Bridging Text and Lived Experience in the Third Timespace," *Cultural Studies*,

1996, 10 (1): 154 -179.

Leizerov S. , "Privacy Advocacy Groups Versus Intel: A Case Study of How Social Movements are Tactically Using the Internet to Fight Corporations," *Social Science Computer Review*, 2000, 18 (4): 461 -483.

Limperos S. , "Uses and Grats 2.0: New Gratifications for New Media," *Journal of Broadcasting & Electronic Media*, 2013, 57 (4): 504 -525.

Margerison C. , McCann, D. , *Team Management Practical New Approacher*, London: Sekforde House, 1990.

Mathias C. , "Ethnic Groups and Foreign Policy," *Foreign Affairs*, 1981 (59).

Maznevski M. L. , Chudoba K. M. , "Bridging Space Over Time: Global Virtual Team Dynamics and Effectiveness," *Organization Science*, 2000, 11 (5): 473 -492.

Melucci A. , *Nomads of the Present: Social Movements and Individual Needs in Contemporary Society*, Philadelphia: Temple University Press, 1989: 228.

Melucci A. , *Challenging Codes: Collective Action in the Information Age*, Cambridge: Cambridge University Press, 1996.

Meyerson D. , Weick K. E. , Kramer R. M. , "Swift Trust and Temporary Groups. Trust in Organizations: Frontiers of Theory and Research," CA: Sage Publication, 1996: 166 -195.

Michaels S. , O'Connor C. , Resnick L. B. , "Deliberative Discourse Idealized and Realized: Accountable Talk in the Classroom and in Civic Life," *Studies in Philosophy & Education*, 2008, 27 (4): 283 -297.

Min Z. , "Are Asian Americans Becoming 'White?'," *Contexts*, 2004, 3 (1): 29 -37.

Mulderrig J. , *The Language of Education Policy: From Thatcher to Blair*, Saarbucken: VDM Dr Muller Verlag, 2009.

Myers D. J. , "Communication Technology and Social Movements: Contributions of Computer Networks to Activism," *Social Science Computer Review*, 1994, 12: 251 -

260.

Nibler K. L. , Harris R. , "Decision Making by Chinese and U. S. Students," *Journal of Social Psychology*, 1998, 138 (1): 102 - 114.

Oetzel, J. G. , " Culturally Homogeneous and Heterogeneous Groups: Explaining Communication Processes Through Individualism - Collectivism and Self - Construal," *International Journal of Intercultural Relations*, 1998, 22 (2): 135 - 161.

Orpin D. , "Corpus Linguistics and Critical Discourse Analysis: Examining the Ideology of Sleaze," *International Journal of Corpus Linguistics*, 2005, 10 (10): 37 - 61.

Passy, F. , " Social Networks Matter. But How?" *Social Movements and Networks*, 2003: 21 - 48.

Paul Gilroy, *The Black Atlantic: Modernity and Double Consciousness*, MA: Harvard University Press, 1993: 126.

Phinney S. , " Stages of Ethnic Identity Development in Minority Group Adolescents," *Journal of Early Adolescence*, 1989, 9 (1 - 2): 34 - 49.

Phinney S. , "The Multigroup Ethnic Identity Measure: A New Scale for Use with Diverse Groups," *Journal of Adolescent Research*, 1992, 7 (2): 156 - 172.

Polletta F. , Jasper J. M. , "Collective Identity and Social Movements," *Annual Review of Sociology*, 2001: 283 - 305.

Powell A. , Piccoli G. , Ives B. , "Virtual Teams: A Review of Current Literature and Directions for Future Research," *Acm Sigmis Database*, 2004, 35 (1): 6 - 36.

Prensky, M. , " Digital Natives, Digital Immigrants," *On The Horizon*, 2001, 9 (5): 1 - 6.

Ridder J. A. D. , Hooff B. V. D. , "Knowledge Sharing in Context: The Influence of Organizational Commitment, Communication Climate and CMC Use on Knowledge Sharing," *Journal of Knowledge Management*, 2004, 8 (6): 117 - 130.

Roscigno V. , Danaher W. , "Media and Mobilization: The Case of Radio and Southern Textile Worker Insurgency, 1929 to 1934," *American Sociological Review*, 2001 (66): 21 -48.

Sarker S., Sahay S., "Information Systems Development by US - Norwegian Virtual Teams: Implications of Time and Space," 46th Hawaii International Conference on System Sciences, IEEE Computer Society, 2002.

Sassen S., *Territory, Authority, Rights: From Medieval to Global Assemblages* (Vol. 7), NJ: Princeton University Press, 2006.

Scupin R., *Race and Ethnicity: An Anthological Focus on the United States and the World*, New Jersey: Upper Saddle River, 2003: 247.

Sheffer G., *Diaspora Politics: At Home Abroad*, Cambridge University Press, 2003.

Snetsinger J., *Race and Ethnicity*, Alexander D C. Encyclopedia of U. S. Foreign Policy, 2002: 289.

Sohn D., Leckenby J. D., "A Structural Solution to Communication Dilemmas in a Virtual Community," *Journal of Communication*, 2007, 57 (3): 435 -449.

Spier S., "Collectiveaction 2.0: The Impact of ICT - Based Social Media on Collective Action Difference in Degree or Difference in Kind?" *Ssrn Electronic Journal*, 2011, 13 (3): 473 -498.

Starke - Meyerring D., Andrews D., "Building a Shared Virtual Learning Culture: An International Classroom Partnership," *Business Communication Quarterly*, 2006, 69 (1): 25 -49.

Sucheng C., *Asian Americans: An Interpretive History*, Boston: Twayne Publishers, 1991: 187.

Tapscott, D., "Educating the Net Generation," *Educational Leadership*, 1999, 56 (5): 6 -11.

Tarrow S., *The New Transnational Activism*, Cambridge University Press, 2005.

Teo T., "An Initial Development and Validation of A Digital Natives

Assessment Scale (DNAS)," *Computers & Education*, 2013, 67 (5): 51 -57.

Tilly C. , *Social movements, 1768 - 2004*, Boulder: Paradigm Publishers, 2004: 5.

Triandis H. , *Culture and Social Behavior*, New York: McGraw - Hill. 1994: 23 -25.

Tsekeris C. , Koskinas K. , "General Reflections on Virtual Communities Research," *China Media Research*, 2011.

Tu W. M. , "Cultural China: the Periphery as the Center," *Daedalus*, 2005, 134 (2): 1.

Turkle S. , *Life on the Screen: Identity in the Age of the Internet*, Simon & Schuster, 1995.

Vallaster C. , "Cultural Diversity and Its Impact on Social Interactive Processes Implications from An Empirical Study," *International Journal of Cross Cultural Management*, 2005, 5 (2): 139 -163.

Venkatesh V. , Davis F. D. , "A Theoretical Extension of the Technology Acceptance Model: Four Longitudinal Field Studies," *Management Science Journal of the Institute for Operations Research & the Management Sciences*, 2000, 46 (2): 186 -204.

Venkatesh V. , Davis F. D. , "User Acceptance of Information Technology: Toward A Unified View," *Mis Quarterly Management Information Systems*, 2003, 27 (3): 425 -478.

Li Yuan, "Web Site Helps Chinese in U. S. Nomgate Life," *Wall Streat Journal*, 2004.

Wang L. C. , "Roots and Changing Identity of the Chinese in the United States," *Daedalus*, 1991, 120 (2): 197 -211.

Wellman B. , Gulia M. , "The Network Basis of Social Support: A Network is More Than the Sum of Its Ties," *Networks in the global village*, 1998: 83 - 118

Wong B. P. , *Ethnicity and Entrepreneurship: the New Chinese Immigrants in the*

San Francisco Bay Area, Allyn and Bacon, 1998: 223 - 227.

Woodstock L., "Media Resistance: Opportunities for Practice Theory and New Media Research," *International Journal of Communication*, 2014: 8.

Xinkai Huang, "Lifestyles in Virtual Communities: Collaborative Consumption and Interaction," *Chinese Journal of Communication*, 2011, 5 (1): 1 - 19.

Yang G., *The Power of the Internet in China: Citizen Activism Online*, New York: Columbia University Press, 2009.

Yang Minglei, "Internet Counseling Ethics: Tools, Culture, or Context? A View of Deconstruction and Interpretation," *Counseling & Guidance*, 2001, 168: 5 - 8.

Yin R. K., *Case Study Research: Design and Methods*, Sage Publications, 2003.

Zakaria N., Cogburn D. L., "Context - dependent vs. Content - dependent: An Exploration of the Cultural Behavioural Patterns of Online Intercultural Communication Using E-mail," *International Journal of Business & Systems Research*, 2010, 4 (3): 330 - 347.

Zamarripa P. O., Krueger D. L., "Implicit Contracts Regulating Small Group Leadership: The Influence of Culture," *Small Group Research*, 1983, 14 (2): 187 - 210.

后　记

跨文化传播研究的路走了多年，始终在思考“我们与他者如何交流”的问题，始终在探索跨文化传播的可能路径，特别是新媒体跨文化传播（intercultural new media communication），本书聚焦的跨文化虚拟共同体就是我们探讨的可能性之一。或许有人会追问，为什么我要深入新媒体跨文化传播这一新兴研究领域？又为何要以跨文化虚拟共同体作为突破方向呢？

其实，对于海外学术界而言，新媒体跨文化传播也是一个新的方向，被认为是“跨文化传播领域下一个研究前沿”。[①] 2012 年，第一本相关著作在美国纽约出版，这本论文集的书名是《新媒体与跨文化传播：身份、社群和政治》，[②] 这一研究领域的出现正是为了回应数字新媒体技术带来的文化变迁、跨文化互动创新等人类实践方式改变的挑战。至今，这一新领域都处于发展的过程中，被关注度日渐提升，创新不断。

于个人经历而言，新媒体跨文化传播研究方向的确立建立在十多年的学术探索之上。我自 2001 年开始从事网络传播的教学、研究和社会服务工作，在我的博士生导师单波教授知识和价值观的引领下，这些年一直在探索从新媒体角度研究和思辨跨文化传播问题的学术路径。2009 年，我发表第一篇相关研究成果“Media convergence and the cross - cultural communication of media events”（EI 收录论文），2011 年发表该文中文版《媒介融合与媒介事件的跨文化传播：以莎朗 · 斯通事件为例》，[③] 英文版后经修改发表在 2012

---

① Shuter, Robert, “Intercultural new media studies: The next frontier in intercultural communication,” *Journal of Intercultural Communication Research*, 14 (3), 2012, pp. 219 - 237.

② Pauline Hope Cheong, Judith N. Martin & Leah P. Macfadyen eds. *New media and intercultural communication: Identity, community and politics*, Peter Lang Publishing, Inc. , New York, 2012.

③ 肖珺、李鹤琳：《媒介融合与媒介事件的跨文化传播：以莎朗 · 斯通事件为例》，单波等主编《新闻传播学的跨文化转向》，上海交通大学出版社，2011，第 255 ~ 278 页。

年的 *China Media Research*[①] 中。此后，围绕新媒体跨文化传播这一方向，我陆续发表《网络民族主义：现实与想象的冲突》[②]、《认同危机：基于国家形象塑造的网络跨文化传播研究》[③]、《L'image de la Chine sur les sites d'information français：sources，préjudice médiatique et image du pays》（法语）[④]、《新媒体与跨文化传播的理论脉络》[⑤]、《跨文化适应研究的解读、进展与趋势》[⑥] 等论文，2015 年 11 月，单波先生和我共同编著的《文化冲突与跨文化传播》一书也顺利出版。这些写作的经历其实是自己求学的路程，新媒体跨文化传播给我们呈现了异常丰富但也异常复杂的主体间、文化间图景，如何从媒介、人与时空关系中探寻跨文化特征，始终是我想直面和逐层拓展的研究领域。

《跨文化虚拟共同体：连接、信任与认同》是我和团队共同完成的最新成果之一。我和我的学生李阳、王婉、陈雨历经三年，共同探索跨文化虚拟共同体的新问题，不断求证案例和文本的细节，反复讨论研究问题和方法的执行，深入虚拟社群和乌鲁木齐的田野，我们都有一个执念，希望把我们阅读、观察和体验的跨文化虚拟共同体用文字的方式留存下来。研究和写作的过程无疑是辛苦的，李阳在她硕士毕业论文的后记里幽幽地"抱怨"，没想到和老师一起的海外华人研究竟然伴随我整整三年，三年里，李同学和我互相"折磨"，经常就话语意义、文本细节等讨论几个小时，现在她已投身教育行业；王婉、陈雨和我两赴新疆

---

① Jun Xiao & Helin Li, "Online Discussion of Sharon Stone's Comment on China Earthquake：the Intercultural Communication of Media Events in the Age of Media Convergence," *China Media Research*, 8 (1), 2012, p. 25.

② 肖珺、郑汝可：《网络民族主义：现实与想象的冲突——中国网民关于抵制〈功夫熊猫〉的争论启示》，《中国网络传播研究》2012 年第 6 辑。

③ 肖珺：《认同危机：基于国家形象塑造的网络跨文化传播研究》，《武汉大学学报》（人文科学版）2013 年第 4 期。

④ XIAO Jun & XU Xuanzi, "L'image de la Chine sur les sites d'information français：sources, préjudice médiatique et image du pays," *Revue Economique et Sociale*, Vol 72 n°3 – 4, Sept – Dec 2014.

⑤ 肖珺：《新媒体与跨文化传播的理论脉络》，《武汉大学学报》（人文科学版）2015 年第 4 期。

⑥ 肖珺、李加莉：《跨文化适应研究的解读、进展与趋势》，《国外社会科学》2015 年第 3 期。

大学，先后访谈逾40名新闻传播学的少数民族学生，获取研究对象的信任成了师生需要共同克服的难题，回到武汉大学后，我们一起建立两校学生的虚拟学习共同体，整个研究过程持续两年，其中满含酸甜苦辣，现在她们两人，一人在互联网公司，一人投身政务服务。她们三人都已离开校园，各自开启新的人生，我们现在只能在虚拟共同体中聊聊天，幸运的是，我们共同留下了这本书。这本书中关于跨文化虚拟学习团队的部分内容已发表在《全球传媒学刊》,[①] 还有些内容通过国内外学术会议求教于各位专家，每次学术交流和发表过程中的修改都让我们获益良多。

本书是我主持的两项教育部课题的共同成果——教育部全国民族教育研究课题“民族地区与内地教育交流研究：跨文化视角下的民族地区网络传播教学体系建构”（RDLL13002）和教育部人文社会科学重点研究基地武汉大学媒体发展研究中心项目“新技术与跨文化传播研究”（412500014）。在前一个课题的结题评审中，支持我们研究的新疆大学新闻与传播学院评价我们的成果，“对民族地区网络传播教育现状的解读是相当准确的，在此基础上提出的对策性建议既有针对性也具有建设性，课题研究成果具有重要的创新意义”。这些鼓励的话语表达了新疆大学对我们建构的跨文化虚拟共同体在教育情境中的趋势性价值予以认同，对此深表感谢。在后一个课题的进行中，我带着对海外华人社会运动中跨文化虚拟共同体使用的热烈关切，带着研究初稿参加了2014年在美国罗德岛大学举办的国际跨文化传播研究协会年会（IAICS），IAICS前主席、罗德岛大学陈国明教授，香港浸会大学陈凌教授等多位与会者给我提出修改意见，2015年又得到从美国返回我院执教的徐开彬教授在研究方法上的指导，深深体会完成一项规范性研究和揭示新现实问题的不易，对此，我也深表感谢。

此外，我还深深地感谢“跨文化传播研究丛书”选中此书及社会科学文献出版社刘娟女士仔细的审稿意见。

① 肖珺、王婉：《跨文化虚拟学习团队：新疆新闻传播学专业少数民族学生参与情况与学习效果研究》，《全球传媒学刊》2016年第3卷。

本书即将出版之际，单波老师拨冗赐序，他对跨文化传播研究寻觅通向文化间自由交流之径的笃信与坚守始终提醒我，要敬畏知识与思想，要有埋首苦读的恒心，学问之路既是学术，亦是人格。新媒体跨文化传播是刚刚起步的理论探索，这本书是我求索系统认知过程中的小小收获，后面的路还要踏实地走。

肖珺

2016 年 10 月于珞珈山，樱花大道

图书在版编目（CIP）数据

跨文化虚拟共同体：连接、信任与认同 / 肖珺著
. -- 北京：社会科学文献出版社，2016.11
（跨文化传播研究丛书）
ISBN 978 - 7 - 5201 - 0035 - 9

Ⅰ. ①跨…　Ⅱ. ①肖…　Ⅲ. ①文化传播 - 研究　Ⅳ. ①G0

中国版本图书馆 CIP 数据核字（2016）第 296495 号

· 跨文化传播研究丛书 ·
跨文化虚拟共同体：连接、信任与认同

著　　者 / 肖　珺

出 版 人 / 谢寿光
项目统筹 / 刘　娟　祝得彬
责任编辑 / 刘　娟

出　　版 / 社会科学文献出版社 · 当代世界出版分社（010）59367004
地址：北京市北三环中路甲 29 号院华龙大厦　邮编：100029
网址：www.ssap.com.cn
发　　行 / 市场营销中心（010）59367081　59367018
印　　装 / 三河市尚艺印装有限公司

规　　格 / 开　本：787mm × 1092mm　1/16
印　张：13.25　字　数：204 千字
版　　次 / 2016 年 11 月第 1 版　2016 年 11 月第 1 次印刷
书　　号 / ISBN 978 - 7 - 5201 - 0035 - 9
定　　价 / 59.00 元